기일혜 작가의 끝나지 않은 이야기 3

나는 왜 부끄러워하는가?

기일혜 작가의 끝나지 않은 이야기 3

나는 왜 부끄러워하는가?

창조문예사

머리말

피천득의 수필 '유순이' 필자가 대학생 때 잠시 입원했던 중국 어느 요양원의 한국인 간호사 이름이다.

"…이따금 기관총의 이를 간 소리도 들린다…" 이 위험한 속을 뚫고 필자는 유순이 구하러(?) 요양원으로— 필자를 만난 유순이는 말한다. "고맙습니다, 그러나 저는 책임으로나 인정으로나 환자들을 내버리고 갈 수는 없습니다."

아픈 감동으로 남아있는 이름 유순이.

그런데 유순이, 라는 맑고 온화한 이름의 내 독자(80세)가 있다. 충남 서산 웅도라는 섬에 사시는데, 봄이면 송화 가루가 집 안으로 날아드는 소나무 산 밑 집이다.

그는 이번에 〈기일혜 수필전집〉 구입해, 자기 집 테라스에 작은 북카페 만들고, 이웃과 교제하겠다고. 내 집 테라스에 동네 도서관 만드시나?… 이렇게 새롭고 아름다운 일을 생각한 사람은 어떤 분일까?

2024년 5월 13일 기일혜

차례

머리말 5

1부_ 정 선생님께 드리는 선물

1. 사람들이 못 알아보는 감춰진 보화 12
2. 정 선생님께 드리는 선물 13
3. 나는 무슨 힘으로 사나? 14
4. 연자, 너도 시인이다 15
5. '늬가 멋이 간디 그러냐?' 16
6. 두 제자 앞에서 작아지는 나 17
7. 제자 아버님 묘소 앞에서 18
8. 인정머리 없는 것, 그게 글 쓰게 해요 19
9. 장성 서삼면 세포리에서 본 시비詩碑 20
10. 아내가 좋아하는 작가 21
11. 선생님이 가산디지털단지역을 지나가셨구나 22
12. 책 읽는 사람은 외롭지 않습니다 23
13. 과찬 속에서도 사람은 큰다 24
14. 어디서 그 많은 얘기가 나오시나? 25
15. 바닥 한 번만 손으로 만져 보소 26
16. 꽃보다 흥興이다 27
17. 목소리가 안 나와요 28
18. 알파교회 바자회에 가서 29
19. 당신 쇼핑 좋아하시지요? 30
20. 푸른 하늘과 스카렛 31

21. 언니가 내야지 32
22. 친절 가르치는 방법 하나 33
23. 연변 미인 34
24. 카운터 미인 35
25. 혹한 속에 온 꽃 배달 36
26. 산천에 눈이 쌓인 어느 날 낮에 37
27. 이천에서 만난 두 여인 38
28. 정자동에 있는 마음이 편안한 집 39

2부_ 낫으로 연필 깎아주시던 아버지

1. 지하철에서 만난 윤진숙 님 42
2. 조달과장과 조리과장의 다툼 43
3. 식자재과장은 영구 보직인가? 44
4. 식자재과장 사표 내다 45
5. 남편이 말해준 오늘의 주의 사항 46
6. 낫으로 연필 깎아주시던 아버지 47
7. 연자, 순임이가 책값 다 내야겠네 48
8. 어느 소읍에서 마신 대추차 49
9. 당신은 눈으로 말하십니다 50
10. 품팔이해서 만들어주신 색동저고리 51

11. 곱창김 한 접시에도 52
12. 고치고 고치고, 고치는 사람이 작가다 53
13. 말할 사람이 필요해요 54
14. 엄마, 아버지 말씀이 안 끝났어요 55
15. 욘 포세가 묘사한 아이의 탄생 56
16. 왕십리, 왕십리지하철역 57
17. 내가 돈 많으니까 쓰라고 다친 거야 58
18. 나는 생활인, 식자재과장이야 59
19. 장어집에서 일하는 여인 60
20. 손만 잡고 있어도 마음이 통하는 사람 61
21. 고장 난 손가방 62
22. 쓰다 보니, 안 쓰려던 얘기까지 쓰고 63
23. 10년도 넘게 쓴 내 스마트폰 64
24. 옆에 사시면 친구하면 좋겠어요 65
25. 독서는 인생의 젖줄 66
26. 우리 동네엔 시인이 많다 67
27. 삼식이라니! 하늘이 두렵지도 않나 68

3부_ 집안에는 어른이 있어야 한다

1. 집안에는 어른이 있어야 한다 70
2. 아아 무국! 71
3. 하루 종일 선생님을 품고 있었어요 72
4. 우산 하나와 돈 만 원의 기억 73
5. 긴 내 이야기 들어주는 사람은 누구? 74
6. 한 그루 나무도 이렇게 기쁨 주는데 75
7. 내 완벽함은 이기심이다 76

8. 하남검단행 지하철 안에서 77
9. 감색 반코트의 여인을 찾아서 78
10. 당신은 좋은 편을 택하셨습니다 79
11. 내 응급실이 되어주신 후배 어머님 80
12. 결혼도 한 남자에게 통째로 넘어가는 것 81
13. 이모, 뭐 먹고 싶으세요? 82
14. 이런 목사님도 계시구나 83
15. 유부초밥 먹으러 오세요 84
16. 평생 점심 대접해야 할 사람 85
17. 나는 왜 부끄러워하는가? 86
18. 이천의 봄 아가씨 87
19. 강청強請은 힘이 있다 88
20. 사가정역에서 만난 임 선생 89
21. 내 자유와 평화가 사는 곳 90
22. 나 선생님의, 노년 자유에 박수를 91
23. 내 영혼에 쳐들어 온 사람 92
24. 꼭 연인한테 얘기하는 것 같네 93
25. 사랑이 들어오면 가난이 나간다 94
26. 정지용이 본 시인 윤동주 95

4부_ 방아 언니 시집가는 날

1. 오늘 아침의 스카프 미인 98
2. 일 하랴, 멋 내랴, 글 쓰랴 99
3. 일본에선 도저히 있을 수 없는 일 100
4. 나, 내일 전주 갑니다 101
5. 소포 부치는 선교사님 옆에서 102

6. 좋은 뜻 받기가 더 어렵다 103
7. 나를 쉬게 하는 보통 사람들 104
8. 잃어버린 할아버지네 들판 105
9. 모로코의 카사블랑카에 갔지만 106
10. 〈나의 아내 미우라 아야코〉를 읽고 107
11. 결혼식 축사대로 살아온 어머니 108
12. 사람과 뭘 주고받을 힘도 없는 나 109
13. 내가 늘 곤비한 이유 110
14. 끌려 다니면서 사는 나 111
15. 벚꽃 아래서 내가 전화한 사람 112
16. 사람 생명이 이렇게 아름다울 수가 113
17. 지연 양의 아빠 114
18. 나무 한 그루와 시 한 편 115
19. 오빠는 요즈음 116
20. 천국에 가도 눈은 꼭 있어야 해요 117
21. 고슴도치도 제 새끼는 함함한다 118
22. 가을엔 생각하게 하소서! 119
23. 맞춤형 사랑과 무한 사랑 120
24. 저 미용실은 왜 늘 사람이 많을까? 121
25. 가난한 사람은 왜 생기나? 122
26. 자기 이야기는 자기 자랑일까? 124
27. 슬프다 125
28. 아파트에 울려 퍼지는 엄마 목소리 126
29. 방아 언니 시집가는 날 127

1부

정 선생님께 드리는 선물

사람들이 못 알아보는 감춰진 보화

어느 날, 서후리 고 선생이 내게 말한다. “사람들이 못 알아보는 감춰진 보화가 있어요.” “어디에요?”

그 뒤 날 잡아서, 우리는 그 보화 만나러 지하철 철산역에 내린다. 그분이(73세 김정희 님) 나와 있다. 곧 그분 댁에 도착.

점심 때라 식탁에 앉는다. 골고루 차린 밥상인데, 김치가 여러가지다. 손바닥 반 크기의 무김치(김장), 갓김치, 열무 배추김치, 다 썰지 않고 긴 가닥 그대로(생김치만 썰고)—

김치 맛 극찬하면서 고 선생은 숙녀답게 들고, 나는 “와아 와아 맛있어요! 정말 맛있어요!” 손으로 김치 가닥 채 들고— 이런 내게 정희 님은 “그렇게 먹어야 맛있어요.”

그도 나처럼 김치를 가닥 채 든다고 한다.

낯가림 있어 외출도 거의 않고 집에서 남편(화가) 밥 세끼 차리신다는 그의 별명은 ‘밥순이, 집순이’ 그와 밥 먹고 얘기하면서 안다. 그가 얼마나 사랑이 많은 아내요, 어머니인지!

그는 이 시대 가정을 굳건히 지키고 있는 보화다.

정 선생님께 드리는 선물

맑고 푸른 5월 초. 오랜만에 양평 서후리 고 선생 댁 방문 앞두고 생각나는 분은 고 선생보다 그의 남편 정 선생님이다. 그에게 무슨 선물이라도 드릴까?… '그는 세상 것 다 가진 분이라 드릴 게 없구나…' 공대 출신인 그가 설계해서 지은 산속의 파란 집. 전기, 하수도 시설까지 친환경적이다. 그것만으로도 그는 이 시대 소중한 사람이다.

그날 그 댁 가면서— 창밖의 푸른 초목들, 강물을 보면서 그에게 드릴 선물이 생각난다. '… 아아 그를 이렇게나 소중한 사람으로 생각하는, 이 생각— 이걸 선물해야겠구나…'

그 댁에 도착해서 나는 고 선생에게 말한다.

"고 선생, 당신 선물은 내 책이고, 정 선생님 선물은?… 아까 오면서 생각이 났어요, 이 아름다운 동산 만들어 선교사님들, 친구들, 이웃에게 기쁨 주시는 남편의 노고, 그 노고를 소중히 여기는 이 생각—

이 생각이 오늘 정 선생님께 드리는 제 선물입니다."

나는 무슨 힘으로 사나?

양평 허영자 님 댁 가는 차편을 그가 가르쳐준다. "…정내과 앞에서 7-5번 버스 타고 폐교 다리 앞에 내리면…"

오늘 그 댁 간다고 약속했는데, 어제 고 선생이 주신 열무, 배추로 늦은 밤까지 김치 담그고, 오늘 아침엔 힘없었는데, 마침 고 선생이 글 보내서 읽는다.

"남편에게 선생님께서 '당신을 소중하게 생각한 그 생각을 선물하신다'고 전했어요~ 감동 잘하는 이 사람이 눈물을 글썽이며 허허하고 어쩔 줄 모르네요…"

"이 글 보면서 나도 눈물이 글썽여지네요. 감동 잘하시는 분은 순수하십니다. 남편은 당신에게 주신 하나님 선물이니, 그의 어머니 노릇까지 잘 하셔요. 어제저녁 늦게까지 김치 담그고 힘없었는데 당신 글 보고 힘이 나, 잘 다녀오렵니다. 이런 감동, 눈물의 힘은 AI도 못 만듭니다."

고 선생이 주신 힘으로 일어나, 허영자 님 댁 잘 다녀왔다.

나는 감격의 힘으로 산다.

연자, 너도 시인이다

전남 장성에서 전북 고창으로 가는 1일 여행.

승용차 운전석엔 광주 박(형동) 시인, 그 옆자리엔 제자 순임 시인. 뒷좌석 가운데 불편한 자리엔 젊은 유 작가, 그의 왼쪽이 내 제자 연자 님, 오른쪽이 나. 이렇게 다섯 사람이 벚꽃 만발한 장성 백양사 길을 달리고 있다.

뒷좌석 연자 님이 꽃구경 않고 신나게 얘기만 하니, 연자 친구인 순임 시인이 한 소리 한다.

"그만 얘기하고 꽃구경 하라고!…" 곧 연자 님 반박—

"늬가 멋이 간디 그러냐?"

갑자기 툭 튀어나온 그 말투가 하도 실감나서 내가 한마디, "연자(내 제자) 너도 시인이다!"

다정다감하고 넉넉하면서도 공주 귀걸이 한 귀여운 연자 님. 유 작가(여)는 그런 연자 님을 극찬하고. 연자 님은 그런 유 작가에게 "오메 정들어불라고(정이 들려고) 허네."

사람이나 사물 사랑하는 마음이 가득 차지면, 사람에게서 시 같은 언어가 툭 튀어나오기도 한다.

'늬가 멋이 간디 그러냐?'

그 봄날, 우리 일행 다섯은 백양사 길에 들어선다.

만개한 벚꽃이 줄지어 섰다.

이 절경을 친구에게 보이고 싶은 순임 시인이 연자한테 말한다. "그만 — 벚꽃 보라고!" 이런 순임 말에 연자가 퉁명스럽게 대꾸. "늬가 멋이간디 그러냐?" 자다가도 웃을 만큼 실팍지고 재밌는 어투다. 지금 연자는 자기를 극찬한 옆자리 유 작가(여)와 대화 중 — 벚꽃이고 뭐고 안 보인다.

그는 유 작가한테 '오메 정들어불라고 허네.' 이 몰입을 깨는 친구 참견에 역정 났을까?… 순임과 연자는 한 동네에서 나고 자란 허물없는 사이. 지금도 같이 광주에 살면서 서로 의지하고. 그런 연자가 순임에게 대드니(?) 재미있다.

이제 다 80 가까운 나이에 한 사람은 등단 시인, 한 사람은 생활 속에서 인생을 아름답게 — 정과 멋으로 여유롭게 살아가는 생활 시인. 내 제자 둘이 다 시인이다.

두 제자 앞에서 작아지는 나

전남 장성 북이면 사거리에 있는 "비오리 문학관"에 들렀다. 관장님이신 90 넘은 리인성 시조시인에게 순임 제자가 나를 소개한다. "…저희 선생님이세요." "선생님이 더 젊네."

나는 그때 모자 써서 젊게 보였나 보다. 실제론 제자 순임 시인이 곱고 젊다. 그건 그렇고.

그때 순임 시인 반응이다. 어쨌든 친구, 형제간에도 여자는 누가 자기보다 더 젊어 보인다면 안 좋아하는데, 제자 순임은 의젓하고 의연하다. 아무렇지도 않은 평온한 표정, 외모 같은 것 초월한 — 제자 순임. 그는 의식의 키, 자존감의 키가 엄청나게 높은 사람이다.

사람이 젊어 보이면 뭐 할 것인가? 나이 들어 보이는 건, 그만큼 많은 삶 살아냈다는 증거 아니겠는가? 70대 후반에 등단한 제자 순임은 크고 깊은 인생을 많이 살아낸 사람. 연자도 그렇고. 그날, 두 제자 앞에서 작아지는 나 —

그들이 인생 벌판에서 많은 풍우를 견뎌냈기에 그렇다.

제자 아버님 묘소 앞에서

장성 서삼면 측백나무 숲길을 걷다가, 동행인 박형동 시인이 근처 산으로 올라간다. 순임 시인도 동생 따라 오르고. 산 위에 그들 부친 묘소가 있다. 나는 몸 상태로는 아닌데, 마음이 그들을 따라가고 있다. 제자들 아버님— 열몇 살 때, 면面에서 나락 수매할 때면 불려 갔다. 주판보다 빠르고 정확하게 암산하기에. 그런 천재 아버님께 대한 내 나름의 경의도 있지만, 내가 묘소 앞까지 부실한 몸 끌고 올라간 건, 내 제자들인 시인 남매에 대한 격려와 애정에서다.

그러나 산길을 겨우 올라간 나, 묘소 옆 잔디밭에 쓰러지듯 주저앉는다. 순임이 와서 나를 부축한다. 그 뒤, 나와 헤어질 때, 순임은 흑삼액 두 병을 내게 주면서 말한다.

“그때(묘소 앞에서 쓰러지듯 앉을 때)— 선생님 살려야지 안 되겠구나 했어요.” “이거, 아들이 자네 먹으라고 사다 준 거지?” “그러니 더 의미가 있지요.”

‘더 의미가 있다고?’

그 ‘의미’를 오래 생각한다.

인정머리 없는 것, 그게 글 쓰게 해요

그날 우리 일행이 고창 읍성에 도착. 고창은 고향 장성 서삼면에서 문수산 하나만 넘으면 가는 곳. 집안엔 고창고보 나와(졸업), 고창 아가씨와 결혼한 초등학교 선생님이던 고창 아제도 있고. 고창은 외적 막기 위해 여인들이 머리로 돌 이어다 쌓았다는 읍성(모양성)이 있다.

제자 연자 님은 다리가 아프다고 모양성 입구에서 쉬고, 일행 넷이서 모양 성내를 걷는데, 순임 시인이 내게 하는 말, "제 다리가 지금 삐그덕 빼그덕 하네요…. 저는 인정머리가 없어요(자기 몸에). 인정머리 없는, 그게 글 쓰게 해요."

그는 육신의 고통 이기는 힘으로 시를 쓴다. 그는 허약한 몸으로 80 다 되어 등단한 심지 견고한 시인이다.

그날 돌아오는 차 안, 앞 좌석의 순임 시인이 모 신문사 기자와 인터뷰한다. 끝나자— 뒤에서 들은 내가 한마디.

"자넨 인터뷰도 잘하네. 그렇게 하는 것이네.

정직하게 있는 그대로 자연스럽게…"

장성 서삼면 세포리에서 본 시비詩碑

제자 순임 작은아버지 별장인 숙소에서 일박하고 낮에는 마을 구경. 당산나무가 있는 마을 시정에는 마을 출신 박형동 시인 시비詩碑가 있다. 그중 한 편인

"나의 마을 세포여"

"언제 너를 잊었더냐 / 언제 너를 떠났더냐 //
네 품에서 젖을 먹고 자랐고 /
네 품에서 꿈을 꾸며 자랐고 // 너를 그리며 /
힘겨운 나날들을 참았고 /
너에게 돌아와 / 안기고 싶었던 세포여 // 나의 살과
뼈도 네 것이며 / 나의 넋까지 네 것이었으니 //
나 여기 너를 새겨 / 네 품에서 영원히 쉬리"

세계적인 가곡 〈즐거운 나의 집〉 생각나게 하는 시다.
고향 잃은 사람에게 고향 그리움을 안겨주고.

"나의 살과 뼈도 네 것이며 / 나의 넋까지 네 것이었으니"

이런 시인은 행복하여라.

아내가 좋아하는 작가

서후리 고 선생과 한 독자 댁을 찾았다. 고 선생 통해 알게 된 분으로, 그날 처음 만남이다. 그 집은 가게를 포함한 건물인데, 거처는 3층. 올라가는 계단이 두꺼운 송판 같이 뛰놀고 싶을 정도로 탄탄하다. 2층 계단 코너엔 싱싱한 선홍색 장미꽃들. "어머, 장미꽃!…" 내가 놀라니, 독자가 말한다. "남편이 꽃밭에서 꺾어다 놨어요. 작가님 오신다고."

햇살 잘 드는 그 댁 꽃밭에서 자란 탐스런 장미 꺾어다, 아내의 손님맞이 준비한 그 남편. 너그럽고 부드러운 인상의 그를 떠올리면서 내 책에다 사인한다.

"서 선생님(남편) 댁은 온통 장미 꽃밭입니다. 꽃밭에 장미, 2층 계단 코너에 장미, 집안의 장미 아내 채옥 님. 이 많은 장미를 가꾸시는 서 선생님은 참으로 훌륭하십니다.

2024. 5. 23 저자 기일혜 드림"

선생님이 가산디지털단지역을 지나가셨구나

사람은 무엇을 마음에 기억하나? 며칠 전 채옥 님 만나고 와서, 남는(기억하는) 몇 가지가 있다. 그 첫 번째가 "선생님 책에 가산디지털역이 몇 번 나와요… 아아 선생님이 여기를 지나가셨구나… 했어요." 내가 사는 곳을 선생님이 지나만 가도 반가운 마음이었다는 채옥 님.

그는 거듭된 남편의 사업 실패(지금은 회복) 속에서 마음 큰 사람(60대?)이 되었나? 그날 본 채옥 님은 여인이라기보다 속 깊은 인간. 그는 아주 커 버려서,

사람보다 하나님께로 가고.

그는 고 선생이 주신 내 책 몇 권 보았다는데, 작가의 삶 따라서 '가난 만드는 기쁨으로 살겠다—'

가난 만든다는 말도 사람들은 어려워하는데, 그걸 삶 속에서 실천하고 있다. 가게 일 하면서도 성경 구절(133개)도 암송하고, 그가 하나님 안에 있고, 하나님이 그 안에 있다.

그가 사는 동네 지하철 '가산디지털단지역' 지날 때마다, 나는 그를 생각하리라.

책 읽는 사람은 외롭지 않습니다

내 책을 꼼꼼히 공부하듯이 읽는 채옥 님이 보낸 글이다.

"선생님 책 〈나는 왜 떨리는가?〉 표지(뒤)에 카라마조프가의 형제들 얘기 읽고, 그 책도 며칠 전부터 읽어보는 중입니다. 카라마조프 가家 얘기가 다른 몇 권의 책에서도 거론되어서 궁금하던 차에 선생님 책을 읽기로 결심하고(전집 50권 주문)… 선생님 이 책들만으로도 올 한 해가 풍성합니다. 선생님과 함께 서후리 맑은 하늘 아래서 고 권사님(고 선생)과 또 한 번 커피를 떠블로 마실 수 있기를 기다리겠습니다."

"…내 책에 나온 도스토옙스키 얘기를 이렇게 언급한 분은, 없습니다. 도스토옙스키 소설 〈카라마조프의 형제〉 읽으면 세계 문학 정상을 맛보는 겁니다. 바쁜 가게 일 보면서도 책 읽는 채옥 님. 책 읽는 사람은,

특히 성경 읽는 사람은 외롭지 않습니다.

당신의 뛰어난 미모도 일에 대한 열정(성실함, 책임감)으로 감추니, 더욱 빛이 납니다."

과찬 속에서도 사람은 큰다

어제는 내 독자이신 탁 선생과 만났다. 그는 남편이 정신과 의사인 50대 초반의 커리어 우먼. 그는 현대 감각과 지성. 시어머님, 친정어머님 돌보는 효성까지 지닌 여성이다.

10여 년만이지만, 그간 작가와 독자로 만나 글로 대화해서 서먹하지 않고, 그와 두 시간 남짓 식사하면서 나눈 대화 중, 두 얘기가 남아있다. 그의 친정어머니(85세)께서 돋보기로 내 책 보신 소감이, "소박하면서 찬란하다."

수준 높은 과찬이시고. 탁 선생은— 17세 때, 해운업 하신 아버지 따라 스위스에 갔을 때, "…산 정상에서 융프라우를 보았을 때의 느낌." 그게 내 글 본 소감이라니.

그 친정어머니의 과찬과 탁 선생의 격찬은, 자존감 낮은 내게 격려와 위로이면서, 어떤 도약의 계기 '더 사랑하면서 살아야지' 굳은 결의 같은 걸 심어준다.

이런 결의야말로 불안정한 당대를 살아가는 내 동력—

때로는 사람의 과찬도 필요한 시대다.

어디서 그 많은 얘기가 나오시나?

며칠 전, 동네 친구 신 선생님(80세) 전화다.

"그동안 너무 안 만나서 얼굴 잊어버리겠어요."

그는 지금 광야 같은 세상에서 혼자 고고하게 사신다.

음식도 학처럼 소식하시고, 사람 만나러 안 다니시고 독서와 산행山行이 그의 삶 전부다.

드린 내 책, 몇 권 보고 난 뒤, 나를 만나서 하시는 말씀,

"거기(책) 다 있어요. 그렇게 사신 분은 처음 봤어요. 작가님은 어디서 그 많은 얘기가 나오시나?…"

말씀하시는 그의 연하늘색 줄무늬 면 블라우스가 청결하다. 오래전, 딸 중학교 친구에게 얻은 옷이란다. 그는 또 "…작가님, 치마 좋아하시데요. 긴 치마가 있는데, 누구 줄 수도 없어요." "그럼 저를 주세요. 다음에 가지고 오셔요."

누구에게 줄 수도 없다는 그의 긴 치마가 내게로 와서(?) 많은 이야기를 할 것이다.

이렇게 내 이야기(글)는 사람과의 관계에서 나온다.

신뢰가 바탕인 인간관계— 신뢰 잃으면 관계도 끝난다.

바닥 한 번만 손으로 만져 보소

7일 간 고향 방문 마치고 온 저녁,
집에 도착한 내게 남편이 말한다.
"어이 거실 바닥 한 번 만져 보소." 만져본 내가,
"어머 먼지 하나 없네, 미끌미끌하네." "두 번 닦았네."
"그러니까 동생들이 언니 있을 때보다 형부 혼자 있을 때가 더 깨끗하다고 하는구나…"

혼자 있을 때 남편은 청소도 잘하고 밥도 잘 챙겨 들고 집안일도 잘한다. 아내가 있으면 잘 안 하고. 내가 너무 잘 해줘서 그럴까? 동생들 말마따나.
'형부는 언니가 버려놨네.'

내가 남편 노년을 너무 편안하게만 하는가? 노년일수록 많이 움직여야 하는데, 내 맘 편하려고 내가 해버리니—
이것도 내 이기심. 세상에 있는 내 것은 다—
이기심 아닌 게 없구나.

꽃보다 흥興이다

흥이 많은 동생— 길가에 핀 꽃에는 별로 무관심인 편인데, 좋아하는 야구팀 응원하는 모습은 펄펄 살아있다. 고향에 갔다가 동생(78세) 집에 묵으면서 동생 다른 면을 봤다.

저녁이면 TV 중계하는 프로야구, 동생은 기아 팀 응원하는데, 그 팀 타자가 홈런 치면 막 소리 지르고, 2루타만 쳐도 쩡쩡 울리는 소리로 야아아! 악을 쓰면서 환호한다. 꼭 열 몇 살 여중생이다. “야, 너 응원하는 소리만 들어도 재미있다.”

동생의 천진한 희희낙락, 흥이 넘치는 동생이다.

기억력 뛰어난 동생은 프로야구 각 팀의 투수, 타자 이름, 경기 용어 등, 거의 다 알고 있다.

사람마다 응원하는 모습도 다르다. 남편은 선수기용, 감독 코치 심판까지도 평하면서 보니, 옆에서 듣기 좀 불편한데, 동생은 환호 아니면 침묵이니, 옆에 있는 사람이 편안하고 즐겁다. 야구 경기도 한 치 앞 모르는 인생 같다.

나는 조마조마해서 운동경기는 안 보려고 한다.

목소리가 안 나와요

지방 어느 독자에게 전화드리니 안 받고, 곧 스마트폰으로 보낸 글이다. “선생님 잘 계시죠? 앞으로 한 달은 목소리를 낼 수가 없어요. 퇴원하면 연락드릴게요.”

“그 목소리 듣고 싶어서 전화했는데… ‘주님, 사랑하시는 딸, 말 좀 하게 해 주세요.’ 당신이 너무 깨끗해서 누추한 세상 살기 힘들어서 그렇지요… ‘주님, 이 딸 말 좀 하게 해 주십시오.’”

“샬롬, 선생님 방금 책 받았습니다. 애쓰고 수고하신 글, 감사히 잘 먹겠습니다… 잊지 않고 챙겨주셔서 정말 감사합니다. 선생님 말씀처럼 좋은 언어, 좋은 생각, 고운 마음늘 사용하며 살겠습니다. 아직 많은 말은 사용 금지.

책 읽고 전화드리겠습니다.”

사랑하는 데 쓰라고 주신 말, 사랑하는 데 써야지—

말이 안 나올 때가, 말을 못 할 때가 있으니까.

알파교회 바자회에 가서

매원 님이 저녁(금요일)에 전화했다. "작가님 우리 교회 바자회 하는데, 제가 홈웨어 집에서 입는 원피스 사놨어요. 작가님 드리려고… 내일(토요일)까진데, 잔치국수도 맛있어요." "왜 그런 걸(홈웨어) 사고 그래요."

"싸요. 5천 원." "이번 주 계속 외출이지만, 가야지요. 누가 내 홈웨어 사놓겠어요." 매원 님은 젊은 시절에도 내 책 읽고, 몇십 권씩 사서, 이웃에 선물했다.

잔치국수 들고, 일어나는데, 그는 남편 드리라고 바자회에서 파는 카스테라(교우가 집에서 만든) 한 봉지 사서 준다.

"바깥 선생님 드리세요. 제가 좋아하고 존경하니까요."

"왜들 남편만 좋아하시지?…" "남편이 고생하시잖아요."

"나는 내가 좋아하는 일 하고, 남편은 참고 견디니까, 고생이지요. 매원 님만이 아니고 만나는 독자마다 거의 남편 나오는 글이 가장 재미있대요."

내 글에서 남편이 내 피해자로 보이나? 누구도 내 피해자여선 안 되는데… 그래도 괜찮아. 부부는 일심동체니까.

당신 쇼핑 좋아하시지요?

누가 일부러 돈 들여 사서 주는 선물은 싫어하는 나.

한 친구를 지하철역 쉼터에서 만났다. 그는 남대문 시장 지인 가게에서 샀다고 연보라색 봄 머플러를 준다. 내게 어울릴 것 같아 샀다고. 그 연보라가 너무 환해서 맘에 안 들기도 했지만 어려운 형편인 그가 뭘 사 주는 게 싫어서 한마디,

"당신 쇼핑 좋아하시지요?" 그는 기분 상했는지 배낭 속을 열어 보이면서, "이거 보세요, 나 쇼핑 안 좋아한다고요. 이 안에 뭐가 있는지 보세요?" 아무것도 없다.

그날 저녁 그에게 보낸 사과의 글. "당신 선물 고맙게 받지 못해서 사과합니다. 당신이 내게 돈 쓰는 게 싫어서, 그런 무례한 말 했어요. 반성합니다… 그래도 내게 뭘 주려고 마셔요. 나는 오래된 옷이나 낡은 가방, 신발이 편하고 좋으니까요… '낡음이 내 평안' 오래되고 묵은, 초라한 것들이 현실에 시달린 내 비현실적인 관념을 감춰주면서, 숨쉬게 하는 처소니까요."

새것은 언제나 좀 불안하고 낯설다.

푸른 하늘과 스카렛

늘 답답한 마음이라 자유가 그리워서 자기 이름을 '푸른 하늘'이라 부르기도 하고, 늘 약하고 소심해서 스스로에게 강한 여인 되라고, 스카렛(영화 "바람과 함께 사라지다" 여주인공)이라 부르기도 하는. 그(김혜선)의 시, "노모와 봄볕"이다.

> "이른 봄이 가랑가랑 / 잔 기침을 한다 // 창밖 너머 / 늙은 매화나무는 / 온몸이 가려워 / 종일 긁어대는데 // 지난 해 앓던 구순의 노모는 / 봄볕 내리는 창가에 앉아 / 가물가물 졸고 있는데 //
> 굽은 노모의 등 허리 위로 // 쏟아지는 내 눈물"

그는 어느 날, 백지 비슷한 "~ / ~ // ~"
짧은 기호만으로 내게 소식 전했다.
정보가 많아 복잡한 시대— 간결해서 좋고.
말이 많아 시끄러운 시대— 조용함, 말없음이 좋다.

언니가 내야지

지하철 구파발역에서 만난 혜선 님과 그의 친구 장연 님.

그곳 쇼핑몰에서 그들과 점심 들고 푸른 산 보이는 커피숍으로 옮겼다. 장연 님이 차 값 내겠다고 해서 내가,

"언니가 내야지."

내 말에 울컥했다는 장연 님. 형제라곤 언니와 단 둘. 각별한 자매간이라 '언니가 내야지.'에 울컥했다고.

그는 첫인상이 연극배우 같은데 시를 쓴다. 그는 복다방(글쓰기 교실) 회원, 그가 쓴 시 좀 보고 싶다고 하니,

한참 망설이다가 보여준다. 제목 "접시가 깨졌다"

"접시가 깨졌다 / 이가 빠진 하얀 접시 /
새침대기 유리 접시 / 단아한 멜라민 접시 /
여자 셋이 모이면 접시를 깬다 /
복다방(글쓰기 교실)에서는 남자도 접시를 깬다"

커피집이나 식당보다— 시인이나 '글쓰기 교실' 많아지는 사회가 더 아름다워지지 않을까?

친절 가르치는 방법 하나

그날, 음악가 친구 만나 용산역 역사 안에 있는 쇼핑몰로 올라간다. 너무 추워서 따뜻한 국물 찾아간 식당. 설렁탕은 담백한데 서빙하는 여인이 불친절하다. 그래서 점심 불편하게 들고 일어선다. 내가 계산하고 나가려는데, 친구가 묻는다. “혹시 천 원짜리 있어요?”(친구는 카드만 가지고 다님) 눈치챈 내가 5천 원 꺼내 그 불친절한 종업원에게 드린다.

그가 활짝 웃으며 표정이 부드러워진다… 불친절한 종업원에게도 팁 주고 가자는 친구에게 감복한 나.

팁 받고 곧 부드러워진 여종업원에게 친구가 묻는다.

“아깐 왜 그리 굳어 있었어요?” “지난 주말(금, 토, 일)에 손님이 너무 많이 와서 너무 피곤했어요… 그래서…”

‘아 그랬었구나…’ 계산만 하고 나가는 내게 친구는 그녀에게 팁 주자고 해서, 그녀가 불친절한 이유까지 알아낸다.

불친절한 자에게도 더욱 친절하게 대하는 건,

그에게 친절 가르치는 한 방법이다.

연변 미인

용산역에서 음악가 친구 만나, 그곳 쇼핑몰에서 점심 먹고 얘기하다, 저녁은 7층 메밀국수 집으로. 친구의 지인(여 종업원)이 일하는 식당이다. 지인은 연변에서 온 교포라는데 한눈에 봐도 강건하고 편안하고 맘씨 좋아 보이는 후덕한 여인. 혼자 서울에 있느냐 하니, 남편이랑 같이 나와 있다고. 선량해 보이는 그 여인에게, 친구는 내 책에 사인해 드리라고 부탁한다.

내가 사인하려는데, 친구가 "이렇게 사인해요—

연변 미인 ○○○" 나는 그대로 쓴다.

우리가 사인하면서 웃는 소리 듣고 카운터 여인이 와서 보고 간다. 친구는 그에게도 책 주라면서, "그에겐 미인이라 쓰지 말고 이름만 써요." 나는 똑같이 미인이라 쓰고 싶었지만, 친구 말대로 써서 여인에게 주니, 섭섭한 표정.

'내겐 왜 미인이라고 안 썼지?'

내 생각대로 '카운터 미인'이라 쓸걸.

누구 말에 거역 못 하는 게 내 큰 약점이다.

카운터 미인

친구와 함께 들어간 식당에서 일어난 일이다.

친구가 자기 지인인 여종업원에게 내 책 한 권 사인해 주라면서 '연변 미인' 쓰고, 카운터 보는 다른 이에겐 미인이라 쓰지 말라 해서, 그렇게 썼더니, '내겐 왜 미인이라고 안 썼지.' 그 책 받고 불만한 심기 드러낸 카운터 여인.

그 일로 두 동료, 의나 상하지 않았으면 좋겠다. 그 카운터 여인에게도 미인이라 사인했으면, 모두 기분 좋은 저녁으로 마무리했을 것인데, 친구 말 들은 내가 잘못이다.

나는 가끔 주관 없이, 이도 저도 다 좋다, 누구 맘 안 다치는 게 최우선이니까. 그러나 그날은 친구 말 안 듣고, 내 생각대로 '카운터 미인' 했더라면 좋았을 걸.

내가 소심해서 친구 말 듣다 카운터 여인 섭섭하게 했다.

그때, 친구는 내 우선순위 맨 위였으니까.

삶에서 우선순위는 중요하다. "하나님 대신 차선次善의 것을 최우선 자리에 놓는 걸 우상숭배라고 한다."

혹한 속에 온 꽃 배달

추운 겨울의 어느 날. 평택 사촌, 동생이 이런 글 보냈다.
"언니 집 주소 좀 보내주시면 좋겠네요. 4차원 동생(평택)이 꽃 배달하려구요. 현실적인 사람들은 꽃을 쓰레기 나온다고 싫어해요. 하지만 나는 아름답게 만개했다가 지는 모습도 다 겸허히 순응하는 게 세상살이인 거 같아요."

며칠 뒤, 올 들어 가장 추운 날(-13.8도) 꽃배달이라는 택배회사 문자 받았다. 꽃이 현관 밖에서 얼까 봐 외출도 못하고 집에서 기다린다. 드디어 꽃다발 도착.

신문지 비닐 종이, 몇 겹으로 싸서 종이 상자에 넣은 장미, 과꽃, 프리지어— 꽃들 사진과 답글 사촌에게 보낸다.

"이 엄동설한에 싱싱한 꽃향기!

택배로 받아본 겨울 꽃다발. 오래도록 못, 못 잊으리."

꽃 선물을 낭비라고만 할까? 꽃은 잠깐이지만 살아있는 신비, 일종의 신성함 아닌가?

산천에 눈이 쌓인 어느 날 낮에

이천 김 선생 댁에서 모임이 있어 가는 경강선 열차 안. 엊그제 눈이 많이 와, 차창 밖으로 보이는 산촌엔 눈이 쌓여 있다. "산천에 눈이 쌓인 어느 날 밤에…" 가곡이 생각난다.

곧 이천역에 도착. 대합실에서 김 선생 남편을 찾는다. 훤칠하게 잘 생긴 '서부의 사나이' 같은 그 남편이 눈에 확 들어온다. 그는(70대) 한번 만났지만 나를 보자, 노년(84세)인 내 손 꽉 잡고 "미끄러지면 안 됩니다."

대기한 승용차까지 조심조심. 눈이 쌓였다 좀 녹은 길은 얼어서 미끌미끌, 그는 몇 번이나 조심하라고.

나는 오라버니 손잡고 가듯, 따라만 간다.

나는 20대 청춘에도 남자를 이성異性 아니고 인간으로 느낄 만큼 소녀적 감성만 풍부, 여성적인 감정은 약했다.

그만큼 정신, 영적인 일엔 강하고 치열— 이유는 모른다.

나도 난해한 작가 기일혜.

이천에서 만난 두 여인

이천 김 선생 댁에 가니— 처음 보는 두 여인이 성남시 오포에서 와 계신다. 한 분은 목사님(여), 한 분은 소아과 의사였던 시인. 두 분이 나를 맞는 분위기가 18세기 우아한 살롱에 나오신 고아한 귀부인들 같다.

한 분은 녹색 계통의 고급스런 옷차림으로 지적이고, 한 분은 베이지색 톤의 연한 숄이 겹겹(?)으로 우아하신 분. 나는 운동화에 바지차림으로 삶의 현장에서 막 뛰어갔으니— 오랜만에, 그분들 고아한 분위기에 나도 안긴다.

"사람 마음에도 응급실이 필요하다" 내 글에 공감한다는 목사님이 동행한 분을 소개한다. "유명한 소아과 의사 43년 하고 은퇴해서, 시 쓰시는 임○규 선생님…"

임 시인께 내 책 사인해 드린다.

"옛날 선생님 같고, 옛날 여인 소녀 같고, 아기 같은…"

지성, 영성을 겸비한 여인들 만나 흥분한 나—

시원한 그 댁 동치미가 식혀준다.

정자동에 있는 마음이 편안한 집

“오리역(분당) 3번 출구에서 기다릴게요… 그 집은 하루 종일 있어도 괜찮아요. 제가 서울 살 때 이곳(정자동)으로 올 일 있으면 그 댁에서 쉬었어요. 얘기하면 서로 공감이 돼서, 편안해요.” 나는, 그날 전화한 유순 님과 함께 그의 남편 차로 그 ‘편안한 집’으로 갔다.

여주인(이소영)은 도자기 만들고, 그림 그리고 글 쓰고… 그 댁이 특이한 건 거실이 둘. 하나는 손님맞이 용이고, 그 옆에 딸린 아늑한 거실은, 소파에 앉아만 있어도 마음이 차분해지고 한없이 편안해지는 사색의 방(?).

그리고 거실 벽에 걸린 그림들. 한 그림 앞에서 “어머 모네!” 내가 감탄하자, 여주인은 “사람들이 모네 그림 같다고 해요.” 유순 님도 “색채가 그러네요.”

유순 님이 그 그림 좋아하시니, 그는 그림 떼서 유순 님께 드린다. 망설임도 없이— 그는 자기 그림, 자기 소유로 생각 안 하는 것 같다. 그래서 그 집은 마음이 편안한 집인가?

2부

낫으로 연필 깎아주시던 아버지

지하철에서 만난 윤진숙 님

며칠 전, 지하철 7호선 안에서 윤진숙 님을 만났다.

내가 먼저 알아보고 "윤 선생님!" 그를 먼저 알아본 나는 깜짝 반기는 수준이라면, 그는 갑자기 나를 보자마자 기겁한다. '소스라게, 까무러치게' 그는 순간 멍하다가, 내 맞은편 좌석에 털썩 주저앉아서 말도 못 하고.

사람을 보고 저렇게까지 반길 수 있을까?… 저 까무러친 놀람은 나를 반기는 격한 반응이다. 나를 보자마자 — 그는 아기가 경끼하듯, 떠는 것처럼 — 내일모레 90인데 저런 감성 지니고 어찌 사시나?… 얼마 전, 무학여고 총동창회에 갔는데, 후배들이 유일하게 참석한 고령 선배님이라고, '대왕대비마마'라 불렀다면서 웃으시기도 하고…(나중에 정신 차리고 나서)

그는 내가 아는 유일한 "87세 감탄 소녀!"

지금도 새벽에 배달된 조간신문 정독하신다.

조달과장과 조리과장의 다툼

아들이 집에 온다고 점심 준비한다. 아들은 두부 된장국과 콩나물 좋아해서 만드는데, 두부가 좀 딱딱하다. 아내가 두부 장보기 해 온 남편에게 말한다. "두부가 딱딱하네요."

"연두부가 없어서 부침 두부 샀지." 얼마 뒤 두부 된장국 끓이면서 맛보니, 맛없어서 아내가 또 말한다.

"두부가 딱딱하니 된장국도 맛없네요."

그러자, 남편 대답이 충격적이다.

"나 조달과장 그만둬야겠네."

남편은 장보기해서 식자재 조달하는 일 그만두겠단다.

아내도 반격한다. "조달과장 사표 내면 조리과장(음식 만드는 주부)도 사표 내야지 뭐…"

주방, 거실 공기가 어둡게 급강하 — 아내가 수습한다.

"조달과장, 조리과장 둘 다 사표 내면 실버타운 가야지, 당신 실버타운 싫다면서요?… 이렇게 다투는 건, 아직 다툴 힘 있다는 증거 — 다투고 나면 화해하면서 또 살아나고…"

남편은 잠잠 — 조달과장 사표는 일단 보류된다.

식자재과장은 영구 보직인가?

남편(90세)이 오늘 마트에 가서 무겁게 시장 봐가지고 와서, 한탄 비슷하게 혼자 하는 말. "식자재 과장(남편)은 영구 보직이지, 누구한테 물려줄 사람이 없으니까…."

그런 남편을 측은히 보면서 아내는 인생 법칙(?)을 한마디 한다. "조리과장(아내)도 영구보직이지 물려줄 사람이 없으니까… 그러나 이 땅에서 영구보직은 없어요. 모든 것은 다 끝이 있대요. 전도서 말씀을 안 할 수가 없네요."

"범사에 기한이 있고 천하 만사가 다 때가 있나니, 날 때가 있고 죽을 때가 있으며… 하나님이 모든 것을 지으시되 때를 따라 아름답게 하셨고 또 사람들에게는 영원을 사모하는 마음을 주셨느니라 그러나 하나님이 하시는 일의 시종을 사람으로 측량할 수 없게 하셨도다"(전도서 3:1, 2, 11)

노부부가 사는 동안 — 식자재과장 조리과장도 하나님이 주신 선물로 알고 감사하면서 잘 살아볼 일이다.

식자재과장 사표 내다

우리 집 건너편에 식자재 가게가 새로 생겨서, 남편이 부지런히 사가지고 와 냉장고 채소 통이 가득. 팔뚝만 한 무도 두 개나 있고. 토란대같이 우악스런 여수 돌산 갓도 한 다발 사 와서, 손질해 담그느라 애먹었는데, 오늘 낮에 또 오이가 싸다고 시퍼렇게 큰 걸 10개 사가지고 왔다.

"싼 게 비지떡" 또 유전자 변형이나 무슨 약 넣어 속성재배 한 것 아닌가 하고 난 싸고 큰 걸 안 좋아하는데, 채소 속내 모르는 남편은 자꾸 사 온다. 냉장고 채소 통 나 차서, 화가 난 내가,

"채소 통 가득 찼어요. 앞으로 뭐 사오지 마세요!"

"나도 식자재 과장 그만둔다고!"

얼마 뒤. 남편이 푸념하듯 해명. "왜 싸게 파냐면, 요새 날씨가 너무 따뜻해 채소가 웃자라서 앞으로 장마 오면 썩는다고 싸게 판다네, 물건 나빠서가 아니고."

"그렇기도 하겠네. 인간이 만든 이상기후니, 어쩌겠어."

식자재과장 사표는 또 보류— 언젠가 자동수리 될 때까지.

남편이 말해준 오늘의 주의 사항

오전에 남편이 일 있어서 나가면서 내게 하는 남편의 부탁 형식의 '오늘의 주의 사항'

"오늘 정수기 코디 오는 날이네, 코디 일하는데, 말 걸어서 일 하는 것 방해 마소…" "예에…"

곧 남편 외출하고 코디 님 도착.

그가 일 시작하려는데, 내가 말한다.

"오늘 남편이 나가면서 코디 님 일하시는데 말 많이 해서 방해하지 말라고 합디다. 그래서 얌전하게 '예에' 했어요."

코디 님, "말하면서 일해도 안 피곤해요…(더 즐거워요)…"

"그렇지요? 그렇지요, 나도 그래요."

남편의 예상은 빗나갔다.

우리는 다른 날보다 더 푸짐하게 얘기한다. 커피 마실 때, 아껴 둔 '웨하스' 우아하게 들면서. 그렇다고 남편을 못 마땅해 않는다. 생명이 다를 뿐. 남편은 일할 때, 누가 말 건네면 일 못 한다. 여자들은 여러 일을 동시에 하고, 재미있으면 피곤해하지도 않고. 생명의 다양성이다.

낫으로 연필 깎아주시던 아버지

정수기 점검하러 오신 코디 님께 친정아버님(84세) 잘 계시냐는 내 물음에 대한 그의 대답이다.

"아버지는 친구 사귀어서 놀러 다녀요… 한 번은 그 친구가 약속 시간보다 늦게 와서 물으니까, 아들이 파김치 좋아해서, 파 두 단 사다 담갔는데, 적을 것 같아 한 단 더 사서 담느라 늦었다고 하더래요." 약속 시간 잘 지키는 그 할아버지(84세)가 그날 늦게 와서 하신 변명이다.

혼자 사는 늙은 아버지가 아들 파김치 담가 놓고, 모자랄까봐 한 단 더 사서 담가 놓고. 부성애가 지극하시다.

코디 님 어릴 적 아버지는 일 하시는 낫으로 연필 깎아, 필통 가득 채워주시며, "기죽지 말라 — 닳아진 연필은 집에서 모나미 볼펜에 끼어서 쓰고, 긴 연필은 학교 가서 써라."

기죽지 말라며 키운 자녀가 자존감이 높다면, 기죽고 산 자녀는 겸손함 지니게 되지 않을까?… 어떤 부모, 환경에서도 생명은 자란다. 요즘은 이런 부성애가 사라진다는 게 슬플 뿐이다.

연자, 순임이가 책값 다 내야겠네

오랜만에 고향 문인들 만났다. 장성군립중앙도서관 문예 창작반 문우들 모임에 참석해 강의(박형동 강사) 듣고, 내 얘기도 하고 돌아오는 차 속. 동승한 시인(박형동)이 이번에 나온 내 책을 살펴보면서(전에 한번 읽었는지) 말한다.

"연자, 순임이 책값 다 내야겠네…" 박 시인의 지나가는 말 같아도 작가 마음을 꿰뚫어 보는 말이다.

나도 박 시인의 말에 전적인 동감이다. 내 마음이 가장 많이 쏟아진 작품이 제자들인 '연자, 순임' 얘기니까.

내 마음 많이 가져간 사람들이 책값 다 내야 한다, 웃으려고 재미있게 한 말이지만 저자 마음을 집어낸 말이다.

도스토옙스키는 자기 작품에 대해 찬사 들을 때보다 발표하기 전, 써놓은 글 혼자 읽을 때가 가장 행복하다고— 작품은 작가혼의 분신, 천재의 작품을 누가 자신만큼 공감해 주겠는가. 부족한 작가인 나도, 내 글 교정보면서 혼자 읽을 때가 가장 행복하다. 어떤 찬사보다 낫다.

어느 소읍에서 마신 대추차

얼마 전에 어느 소읍, 작은 찻집에서 대추차를 마셨다.

찻집 여주인은 내 독자. 대추차가 진했다. 그는 대추를 많이 넣은 것 같다. 약해 보이는 내게 몸에 좋은 보약 같은 대추라도 많이 먹이려고 그러셨나?

대추차가 맛있다고 하니, 그가 말한다.

"…강제적으로…(대추 많이 넣어서 진한 걸) 마시라고 해서 죄송해요."

"당신이 주신 대추차는 강제 아니고 사랑입니다."

그리고 그 뒤, 내게 이런 글도 보냈다.

"또 하게 되었네요. 아름다운 작가님 마음으로 보니 (제가) 아름답게 보이겠지요. 누가 저를 아름답다 하겠어요… 답장 하시지 마시어요. 바쁘신데, 죄송하고 감사합니다… (저를) 위로 격려 칭찬해 주고자 하는 작가님 마음, 느껴집니다."

"제 마음이 느껴진다니… 아름다운 일입니다."

아름다운 분들이 이 나라 곳곳에 숨어 있다.

그 아름다운 이들, 찾아내서 많이 만나고 싶다.

당신은 눈으로 말하십니다

장성 문예창작반에서 만난 문우들. 따듯한 인사말로 반기는데, 눈으로 쳐다만 보면서 조용한 분(70대?)이 있다. 나는 그에게 다가가, "당신은 눈으로 말하십니다… 고마워요."

점심시간이었다. 그 '눈으로 말하던 분'이 내 옆자리에 앉아 있다. 깜짝 놀라는데, 어느 결에 그가 내 귀에 대고 더듬으며 속삭이는 말, "… 저는 선생님 왕팬이어요… 저는 파킨슨 병…"

그 순간!… 나는 그분을 가장 사랑한다. 그의 약함이 곧 강함이다. 병은 자랑해야 한다는 말이 있다. 내 장점, 잘하는 것 자랑하면 시기나 분쟁 일으키지만, 내 약점 허물, 아픔 자랑하면 사람 마음을 얻을 수도 있다. 성경에도 약한 것을 자랑하라는 말씀이 있다. "누가 약하면 내가 약하지 아니하며 누가 실족하게 되면 내가 애타지 아니하더냐, 내가 부득불 자랑할진대 내가 약한 것을 자랑하리라"(고후 11:29, 30)

약한 것 많은 나, 주님께로 달려가야지—

품팔이해서 만들어주신 색동저고리

우리 집에 오시는 정수기 코디 님께 커피를 드린다.

그는 아주 겸손하고 예의 바른 사람. 언제나 내가 드린 커피를 일하면서 서서 든다. 근무에 성실하려는 그의 태도다.

그래도 안 돼 보여서 그날은 내가 더 간곡하게 말한다.

"잠깐이라도 앉아서 드세요. 얼마나 귀하게 키운 따님인데…" 그러자 그의 대답은 예상 밖이었다.

"우리 집은 가난했지만 우리 동네에서 색동저고리 입은 아이는 나밖에 없었어요. 어머니는 나를 예쁘게 키우려고 며칠을 품팔이해서 명절이면 나한테 색동저고리 해서 입혔어요. 가난하지만 우리 어머니는 나를 예쁘게 키웠어요…"

내 말 한마디가, 그의 어린 날 색동저고리 사연을 끄집어낸다. 그가 서서 커피 마시는 게 안 돼 보여서, 어머니 같은 마음에서 한, 말 한마디— 그 조그만 사랑에 감동해서 그는 어린 시절 얘기를 울컥하며 쏟아놓는다. 사람 마음의 문은 자기를 배려하고, 인정해 주는 자에게 열린다.

곱창김 한 접시에도

동네 친구가 점심 먹자고 해서 갔다.

조기찌개에 곱창김을 구워서 수북하게 내놨다.

이렇게나 많은 김을 구워서 내놓다니! 이 많은 김 구워서 한 장 한 장, 손으로 (맛있으라고) 찢어서 (반듯하게) 내놓았다.

이렇게 수북이 노적봉 같이 쌓아놓은 김은 그가 내게 보내는 마음이다. '내가 다 받을 수 없는 마음.'

곱창김 한 접시에도 친구의 마음이 가득 담겨 있다.

그가 말한다. "김이 맛있다고 친구가 한 톳 사가지고 가다가 반을 주고 가네요."

너무 많이 구워서, 너무 많이 남은 곱창김을 내게 주신다.

"남편 선생님 드리세요."

곱창김 한 접시에도 사람 마음이 담기는데,

말 한마디엔 얼마나 많은 마음이 담기겠는가?

고치고 고치고, 고치는 사람이 작가다

"… 소설가로 살기 위해 처음 필요한 게 재능이고 이후는 체력이라고 말했다. 고치고 고쳐서 더는 고칠 수 없다고 생각할 때, 한 번 더 고치는 사람이 작가이기 때문이다… 쉽게 쓴 것처럼 읽히는 글을 쓰기 위해… 얼마나 많은 퇴고가 필요한지 사람들은 알지 못한다. 그래서 '자연스러운'이라는 단어는 프로가 듣는 최고의 상찬 중 하나다." 소설가 백영옥 님의 글이다.

나는 이 글 읽으면서 소설가로서 반성한다. '고치기' 많이 안 하고 글 쓰는 것 같아서. 이번 책에 실린 글들은 전보다 더 많이 고치려고 했다. 사실에 접근하려는 노력이 내 글 고침이다. 내 글은 살았던 삶, 거의 그대로 쓴다.

'그대로'가 어렵다. 사람 기억력의 한계다.

그리고 삶의 정황마다 다른 미묘 섬세한 느낌을 글로 잡아내는 한계— 이걸 극복하려고 수 십 번 고치다 보면

'사실 그대로' 자연스러움에 근접한다. 못 하기도 하고.

말할 사람이 필요해요

노년의 친구 집에 요양보호사가 왔다.

일을 끝내고 가면서 친구(80세)에게 묻는다.

“할머니, 뭐가 더 필요하세요?” 친구는 주저함 없이 대답한다. “말할 사람이 필요해요.”

요양보호사 선생님은 침묵하시다가 갔다. 말할 사람이 필요하다는 그 할머니가, 친구인 내게 이 이야기를 해준다.

친구 집은 멀고 먼 시골, 그는 가끔 내게 전화한다.

“선생님 목소리라도 듣고 싶어서…”

이럴 때마다 나는 가슴 아프다. 난 지금 친구의 긴 전화 받을 수가 없는데… 내 목소리가 덜 따뜻하고 덜 부드럽고 덜 반가울 수도 있다. 친구가 듣고 싶어 하는 그리운 목소리가 아니다. 그래서 괴롭다! 회개할 정도로 괴롭다.

친구여, 나는 친구보다 글이, 일이 중요한 사람인가?

그래도 친구는 내 목소리가 그립다니!…

괴로워라. 오호라 내 견고한 이기심이여.

엄마, 아버지 말씀이 안 끝났어요

남편 생일날. 가족들이 모였다. 그날 내가 뭣 때문에 흥분했는지, 남편이 무슨 말하는데, 그 말 끊는 말을 내가 했다고— 아들이 부드럽게 지적한다. “엄마, 아버지 말씀이 아직 안 끝났어요?” “그러니? 난 몰랐다…”

그때, 아들에게 부끄럽고 남편에게 미안한 마음으로 남편 표정 살피니— 그래도 (아내가 자기 말 끊었어도) 괜찮다는, 오히려 아내가 아들한테 지적당해서 미안함 가득한 표정이다.

젊었을 때 한 친구가 말했다. “내 남편하고 둘이 거울 앞에 서면 남편은 언제나 자기 얼굴만 봐요. 남편은 항상 자기가 아내보다 더 잘나야 하고 더 멋있어야 하고— 내 남편은 자기만 보는 이기주의자요!” 그때 생각했다.

내 남편은 자기는 안 보고 나만 봐주는데… ‘당신 머리가? 이 옷이 좀…’ 나는 그런 남편을 간섭한다고 귀찮아했다. 그건 간섭이 아니라 관심, 애정이었나?

60년 살아도 남편을 객관적으로 보기가 어렵다.

너무 가까워서 못 보나?

욘 포세가 묘사한 아이의 탄생

"올해(2023년) 노벨 문학상 수상자인 욘 포세는 그의 소설 '아침 그리고 저녁'에서 아이 탄생을 이렇게 표현했다."

"일정한 간격으로 이어지는 고동소리 아 아 저기 저기 아 아 아… 부드럽고 따뜻한 그 입술 사이 단단하고 하얀 그리고 모든 것이 정적에 잠겨 그리고 너는 그리 어여쁘구나."

"마침표 없이 의성어를 섞어가며 이어지는 표현이 가독성이 떨어지는 것은 사실이다. 그러나 소리 내어 읽다 보면 짧은 표현에 담기지 않는, 생명의 신비와 떨림이 느껴진다.

한림원의 노벨 문학상 수상 선정 이유는 '말로 표현할 수 없는 것들을 표현했다'는 것. '속이 찬' 언어가 무엇인지 생각하게 만든다."('카페 2030' 이영관 글)

작가는 말로 표현 못하는 것들을 글로 표현한다,

안 보이는 생명의 신비와 떨림을 보이는 글로 표현해야.

왕십리, 왕십리지하철역

친구 만나러 외출했다. 복잡한 지하철 왕십리역—
약속 장소가 서로 헷갈려서 일어난 사고다. 친구(84세)는 약속 장소 못 찾는 나를 초조하게 기다리다. 내가 올라오나 하고, 옆에 있는 에스컬레이터 내려다보다 그만 넘어져 왼팔이 부러졌다.
친구 싣고 한양대 응급실로 — 보호자 외엔 못 들어가, 나는 대기실에 남아 두 시간. 젊은 여자가 쉬지 않고 울어 쌓는 어둡고 절망적인 대기실 안.

감옥 같은 응급실 옆 대기실에서 나는 고통한다—
내 잘못으로 친구 팔이 부러졌다— 남편에게 알릴 힘도 없이 기다리고 있으니, 환자복 입은 친구가 의사 부축받아 나와서 하는 말. "…수술해야 한다네, 내가 잘못해서 그랬으니 걱정 말고 가…" "…" 아무 말도 못 하고 집으로 가는 나.
그래도 모든 것이 합력하여 선을 이루신다는 말씀 믿고—
'이 사고, 이 절망이 어떻게 합력하여 선을 이루실까?'
한 줄기 소망을 안고 귀가한다.

내가 돈 많으니까 쓰라고 다친 거야

내 친구 사고 경위를 다 들은 남편은 다음날 친구 입원한 병원으로 찾아가라면서, 수술비 얼마라도 부담해야 하지 않겠느냐고. 다음날 친구에게 전화하니, 의사들 파업이라 주치의 소개로 새롬(?)병원이라고 하던가. 거기로 옮겨 며칠 뒤 수술한다고. 내가 어렵게 말을 꺼낸다.

"수술비가 많이 나올 거야… 나도 얼마간 부담할 게… 마음 같아선 다 부담하고 싶지만…"

돈 지출, 남편 허락받아야 하는 나로선 주춤거릴 수밖에— 그때 친구가 화가 난 목소리로 의외의 말을 한다.

"무슨 수술비를 보탠다고 해! 그런 소리 하덜 말라고! 나 돈 많아, 내가 돈 많이 두고 안 쓰니까, 하나님이 쓰라고 그러신 거야." 이런 말로 나를 안심시키는 친구.

사람은 위기에 알아본다. 그런 위기에 예수님 사랑을 보여준 친구 백 선생. 하나님껜 영광이요, 사람인 내겐 한없는 기쁨이다.

나는 생활인, 식자재과장이야

오늘 오전 남편이 외출하는데, 누르스름한 장보기 봉투(비닐) 접어서 가지고 간다. 늘 보는 모습이지만 오늘은 더 안 돼 보여서 말한다. “점잖은 친구들과 점심 드는데, 장보기 봉투 들고, 좀 그렇네요.” “이게 어때서? 나는 생활인이야— 식자재과장이야, 뭐가 부끄러워?”

‘나는 생활인이야. 나는 식자재 과장이야 뭐가 부끄러워?’

남편 목소리가 단호하고 결연해서 나를 나무라는 듯해, 대꾸할 말 못 찾고 얼버무린다.

“당신은 어떤 사람(소설가)보다 낫고. 당신 말이 맞아요. 예술보다 생활이 먼저지요.”

“항산恒産에 항심恒心” 그렇다고 또 빵만으로도 살 수 없는 인간. 예술만으로도 못 살고— 당당한 생활인 남편 앞에 아내 예술성이 고개 숙이는 순간이다.

그래도 조달과장, 식자재과장 앞세워 아내 앞에서 너무 당당하지 않기 바란다. 나도 말하자면, 칼보다 무서운 펜을 든 작가니까.

장어집에서 일하는 여인

"이거(장어 굽는 일) 초보시지요?"

고창 읍내 어느 장어집. 고급 음식집인데 장어를 구워가지고 와서 덥히는 게 아니라, 처음부터 날 장어를 고객 앞에서 굽는다. 장어 굽는 젊은 여인이 너무 긴장하는 것 같아, 그에게 웃으면서 건네는 조크(?) 한마디. '이거(장어 굽는 일) 초보시지요?' 전문인인 그에겐 무례할 수도 있는 말.

허나 그는 내 말 뜻을 안다는 듯 공손히 대답.

"네에, 온 지 얼마 안 돼요."

상당히 의식 있어 보이는데, 장어 굽는 일은 좀 서툴다고 하니, 그녀 대답이 맹랑하다. "하시는 얘기 들으면서 해서…" 내 얘기 들으면서 굽기에 서툴게 굽는다고. 내가 진 대화다.

"낮말은 쥐가 듣고…" 내가 일행과 나누는 얘기 그가 다 듣고 있었다. 그녀는 그날 장어 굽는 건 좀 서툴러도,

일하면서도 누구에게서나 배우려는 열의를 가진, 여인이다. 그러나 장어 굴 땐 장어 굽는 일만 생각해야지.

손만 잡고 있어도 마음이 통하는 사람

고향 방문 때 만난 신 선생님(80세). 큰 목재공장 경영하는 여사장님, 남편이 사장님이고. 그분을 고향후배 소개로 만나, 같이 주일 예배 드리러 갔다. 후배 댁에서 든, 그가 보낸 동치미가 지친 내 입맛 살려, 고마웠다.

그와 그 예배당 휴게실에서 잠깐 손잡고 있었었다.

그와 손을 꽈악 잡고 있는데, 그가 내게 언니 같다고 하시던가?… 현실적 능력으로 보면 아이 같은 내가 어떻게 막강한 능력자 여사장님 언니 같았을까?… 회사 경영은 고충이 이만저만— 경영 잘해서 회사 사람들 먹여 살리고, 작은 것부터 챙겨야 큰일도 이뤄지니… 내가 그의 많은 고충, 경영자의 고독 싸안아줄 것 같았는가?

그이뿐 아니라 내게 오는 분은 다 싸안아주고 싶다.

나는 부족하고 약하지만, 내 부족함에, 내 약함에—
하나님의 온전하신 사랑이 부어지면—
나는 내게 오는 분들을 돕고 살릴 수 있을 것이다.

고장 난 손가방

내 독자들 모임에 가— 내가 메고 다니는 낡은 손가방 놓고 잠깐 자리 비운 사이에, 한 독자가 내 가방을 여러 사람 앞에 공개. 10년 이상 메고 다닌 닳아진 헝겊 손가방. 지퍼 헝겊이 닳아져 지퍼 열면 지퍼가 헝겊 물어뜯기에 잘 안 열린다. 헝겊 해진 데 옷핀으로 고정시켜 그쪽으로 지퍼 못 가게 하니, 불편하지만 더 쓸 수 있어서 못 버리고 있다.

어느 가난한 시골 교회 사모가 하도 갖고 싶어서, 돈 모아 150만 원 주고, 세일할 때 산 명품 백도 나는 사랑한다. 뭐가 좋고 나쁘고, 없이— 우리는 명품 백, 낡은 가방에서 자유하다. 그래도 인간인지라, 내 가방 보고 누가 거지 같다 해서 울었다 했더니, 남편이 가르쳐준다.

"그럴 땐 이렇게 하소. '난 이 거지 같은 가방이 소중해요'"

"그렇게 당당하게 말하면 될 걸 울어버렸네. 그런데 그땐 그런 생각이 안 나고, 날 나무란단 생각에… 무안하고 억울해서(?) 울었지요."

쓰다 보니, 안 쓰려던 얘기까지 쓰고

사실, 내 낡은 헝겊 가방 때문에 울었단 얘긴 창피해서 안 쓰려고 했는데, 그만 — 말하다가 안 해야 할 말도 해 버리듯, 글 쓰다 보니, 안 써야 할 글도 쓰고 만다.

왜 안 쓰려고 했나? '부끄러워서' 누가 내 낡은 가방 '거지 같다' 한다고 우는 사람 아이밖에 없다. 그래서 남편한테만 하고 안 쓰려고 했는데, 그만 써 버렸다. 써 놓고 보니— 내 치부를 드러낸 얘기다. 그러나 이상하게도 내 치부나 약점 드러내고 나면 속이 시원하다. 왜 그럴까?

참으로 이상한 일이다. 보통 때는 부끄러운 얘기도 심각한 상황에선 안 부끄럽다. 백척간두百尺竿頭, 죽음 앞에선 진실해지고 정직해진다. 신에게 돌아가는 순간, 곧 신 앞에 서야 해서 그럴까? … 그리고 말로 하면 부끄러운 얘기도 글로 쓰면 안 부끄럽다. 글 쓸 때— 나는 신 앞에 서 듯, 정직해지니까.

나는 생활 속에서도 가끔 신 앞에 선다.

내 힘으로 살 수 없는 순간들이 많고 많아서.

10년도 넘게 쓴 내 스마트폰

오래 쓰고 있는 내 스마트폰, 상태가 안 좋아도 아주 못 쓰게 될 때까지 쓰려고 한다. 어느 TV 프로에서 본다.

'그 많은 버린 스마트폰 어디로 가나?' 했더니, 방글라데시(다카)로 — 거기서 쓸모 있는 부품 빼고 다시 쓰레기장으로 — 그 위험한 쓰레기더미 속에서 가난한 아이들이 돈 될 것 찾고 다닌다. 나 하나라도 스마트폰 오래 써서, 지구 쓰레기 줄여야지, 직업상, 취향상 기능 좋은 신상품 구입하는 젊은이들도 존중하면서.

요즘은 메시지 중독 시대라고 한다. TV, 인터넷, 유튜브, 한마디로 교훈이 넘쳐난다. 초등학교 다닐 때, 교실 전면에는 급훈을 크게 쓴 액자가 있었다. 어린 학생들은 액자 속 급훈은 안 보고 선생님만 본다. 급훈 담긴 삶을 선생님은 얼마나 잘 살고 있는가? 은연중에 보는 감시자다.

메시지 — 살아서 삶으로 안 보이고, 말로만 하기에,

메시지 중독 시대라고 하는가?

옆에 사시면 친구하면 좋겠어요

오랜만에 동네 공원에 가서 걷는다. 걷다가 계단을 오르내린다. 계단 30여 개, 올라갈 땐 그냥 오르고 내려갈 땐 천천히 내려가는데, 한 노년 부인이 내 걷는 모습 보고, 몸이 불편해 그리 걷느냐고 묻는다. 아니라고 하자, 그가 내 얼굴을 보면서 말한다. "옆에 사시면 친구 하면 좋겠네요."

유심히 그를 보니 생각하는 분 같다. 그는 친구가 없다(?)해서, "그럼 혼자 독서하세요?" "딸이 ○대 교수인데 도서관(대학)에서 책 빌려다 줘요. 요샌 방학이라 못 하지만."

나는 곧 남편에게 전화해서, 아파트 현관 우편함에 내 책 두 권 넣어달라고 부탁한다. 공원을 내려와 우편함에서 책 꺼내 그(80세)에게 드리면서 그와 친구가 된다.

난 내 책 선물하기 위해 사는가? 사람 만난 얘기 글로 쓰고, 책 내서 누구에게 선물하는 게 내 삶 기쁨이다.

요즘은 책 읽는 사람 드물어, 작가는 이렇게라도,

책 좋아하는 이웃과 관계하면서 산다.

독서는 인생의 젓줄

어느 날 동네 신 선생님(독서가) 만났는데, 헤어질 때 그가,

"나는 노니까 언제라도 연락하세요."

"놀다니요?… 왜 신 선생님이 노세요? 날마다 얼마나 잘 살고 계시는데?"

"선생님이란 말도 마세요. 그냥 동생 정도로."

"동생이라니요? 제가 배우고 있는데."

신 선생님은 노안으로 눈이 안 좋으신데, 한쪽 눈 가리고 책을 보신다. 연세가 80세인데, 이런 불편한 방법으로라도 꼭 독서하신다니, 독서는 그의 인생 양식이다.

'독서는 인생 양식' 하니, 생각난다. 37년 전, 아들 대학 입시, 논술고사 문제가 '독서와 인생' 내가 어떻게 썼느냐고 하니, '독서는 인생의 젓줄'로 시작했다고.

오늘 책 좀 보니, 눈이 아프다. 한쪽 눈으로 책 읽는 신 선생님도 있는데, 눈 아프다고 밥 안 먹나? 눈 아파도 밥 먹듯이, 눈 아파도 인생 젓줄인 책, 조금씩이라도 읽어야지.

우리 동네엔 시인이 많다

나는 동네 친구가 많다. 시인이 세 사람, 화가가 한 사람.

내 동네 친구들은 다 시인이라고 생각한다.

누군가를 사랑할 때, 사람은 다 시인이 되는가. 남편한테 처음 받은 쪽지 글은 한 편 시였다.

김종삼(1021~1094)의 시, "누군가 나에게 물었다. 시가 뭐냐고? 나는 시인이 못 되므로 잘 모른다고 대답하였다."

다음은 그의 시, "누군가 나에게 물었다" 전문이다.

> "무교동과 종로와 명동과 남산과 / 서울역 앞을 걸었다. / 저녁녘 남대문 / 빈대떡을 먹을 때 생각나고 있었다. / 그런 사람들이 / 엄청난 고생 되어도 / 순하고 명랑하고 맘 좋고 인정이 / 있으므로 / 슬기롭게 사는 사람들이 / 그런 사람들이 / 이 세상에서 알파이고 / 고귀한 인류이고 / 영원한 광명이고 / 다름 아닌 시인이라고."

삼식이라니! 하늘이 두렵지도 않나

어느 친구 말을 그대로 옮긴다. "늙은 남편을 삼식三食이라니! 젊어서 가족 부양하느라 죽도록 일하다가. 이제 좀 쉬는데 삼식이라니!… 하늘이 두렵지도 않나?"

성경에 아내는 돕는 배필. 남자는 늙어지면 아내가 도와야 할 일이 많다. 그러나 내 경험에서 말하면, 늙은 아내의 힘은 남편 돕는 일에서 얻어진다고 할까? 요새 젊은 여자들, 결혼도 선택인데, 남편 세끼 밥까지— 무슨 시대착오적 케케묵은 얘기냐고 할 것이다.

그런데 이상한 일이다. 도농 친구, 이촌 친구, 평촌 친구, 모두 남편 세 끼 식사 때문에 외출도 조심하는 아내들이다. 그런데 그 가정들은 다 원만하고 화평하다.

그런 가정을 하나님이 받으시기 때문 아닐까?… 가정은 하나님이 세우신 신성한 처소다. 그 신성한 처소의 가장인 남편을 삼식이라고 하대下待하면— 그 가정을 세우신, 하나님, 얼마나 속상하시겠는가?

3부

집안에는 어른이 있어야 한다

집안에는 어른이 있어야 한다

나라에만 어른이 필요한 게 아니다. 한 가족, 집안에도 다툼이나 불화를 다독여 화목케 하는 어른, 지혜자가 필요하다. 지난겨울, 뵙고 싶던 독자(임명자 님) 친정어머니 댁(상계동)을 찾았다. 그는(84세 조복순 님) 내 어머니와 고향(담양 고서면)이 같고 성씨가 같은 분. 그날 그분이 해주신 말씀이다.

"…동네 어른들께 인사 안 하면 아버지가 집안 문중 어른들께 불려가 야단맞았어요. 아버지 생각해서라도 공손히 인사하고 단정하게 다녔어요." 그는 자유분방하게 자란 나와 달리, 예의범절이 몸에 밴, '유교 여인의 향기' 지니셨다.

밥상에 오른 음식, 하시는 말씀이 다 예스럽다.

그날 혹한인데, 아파트 밖까지 나와서 나를 배웅하시는 그 어머니— 빨간 모자, 검회색 면 바탕에 꽃무늬 오버는 꿈과 환상의 "빨간 머리 앤" 그 꿈 가지고 어찌 사셨을까?

상추 나면 봄에 다시 간다고 했으니, 가서 듣고 싶다.

'유교 여인' 아닌, 꿈 많던 소녀의 못다 한 이야기 들으면서, 내 어머니 고향 마을의 정취를 느끼고 싶다.

아아 무국!

집에 무가 많아서 아침에 무국을 끓였다. 아무런 양념도 없이 무만 넣고 끓였다. 간도 않고 무만 넣고 끓였는데 맛이 순하고 맑아서 좋다. 새로운 맛이다.

이 무국 국물 마시다가 생각난다. 민혜 님(연약한 60대) 목소리가. 그날 민혜 님과 동생이랑 식당에 갔을 때, 식사 후, 식당에 딸린 찻집에서 차 마시는데, 거기서 파는 순 보리빵을 민혜 님이 내게 사주면서 언니, 언니, 하고 부른다.

그 목소리— 누구에게서도 들어보지 못한, 그 목소리는 양념이나 간하지 않은 천연 무국 맛이다.

남이 나를 언니라 부르면 당황하는데, 그가 부르는 언니, 언니 소리는 나를 평안하고 고요히 가라앉힌다. 그 목소리는 사람의 때 묻지 않고, 의식 섞이지 않은 생명의 원액 같은 목소리다. 양념 간 하지 않은 무국 같은.

하루 종일 선생님을 품고 있었어요

원주, 제주 두 친구 만나고 와, 남편 저녁 차리고 지쳐 있는데, 동네 친구 전화다. "선생님, 아톰이(애완견) 산책시키고 있어요. 선생님 아파트 정문인데 애완견 데리고는 못 들어간대요… 옆 가게에서 피자 개업했는데, 2만 3천 원 피자가 오늘 만 원이요. 선생님 피자 한 판 사드리려고…"

"저, 피자 안 좋아하는데." "바깥 선생님 드려요."

"남편도 안 좋아하는데…"

그가 돈 쓰는 게 싫고, 피자 별로 좋아하지 않아서 그대로 말했는데, 호의를 그렇게 박절하게 받다니, 어떤 의미로든 거절은 삭막하다.— 내 마음이 죽는다. 다시 말한다.

"주시려는 마음 다 받을게요. 피자 받으러 갑니다!"

아파트 후문에서 만난 우리는 피자 가게 문 닫을까 봐 달린다 — 피자 주문하고 기다리는데 그가, "오늘 종일 선생님을 품고 있었어요." '가난 만드는 나, 피자 먹이려고?…'

내 글 보면 연민이 인다는 그 마음, 안 받을 수 있나.

우산 하나와 돈 만 원의 기억

103동 앞 산책하다 그곳 미화원 아주머니 만난다.

내가 “안녕하세요?” 본 듯한 얼굴이라, 다시 또 “그때 그분 아니세요?” “네 맞아요. ‘우산 하나와 만 원’ 기억하고 있어요. 그런데 통 안 보이셨어요. 그동안 외국에라도 가셨어요?” “아니어요… 그런데 어쩜 그리 기억을 잘하세요…. 청소 업체가 바뀌면 아주머니들도 바뀌던데 아주머니는 계속 근무하시네요.”

“저는 업체와 상관없이 계속 있어요… 다른 사람은 두 동棟(아파트) 청소하는데, 저는 세 동 해요. 쉴 틈 없어요. 부지런히 해야 해요.”

“놀랍네요. 그래도 몸 생각해서 쉬어가면서 하셔요.”

한 5, 6년 전, 산책 중(103동 앞) 비가 와서 어쩌지 하는데, 그가 비닐우산 주신다. 감사해서 얼른 우산 돌려드리려고, 집에 와서 돈 만 원 들고나간다. 커피나 한 잔 사드시라고… 오랜만에 열심히 일하는 귀한 분 다시 만난다.

어떻게 저분을 또 기쁘게 해 드리지?… 궁리 중이다.

긴 내 이야기 들어주는 사람은 누구?

지난번 고향 방문 길에 들고 간 문삼석 동시집 〈산골물〉 "산골물" 주제로 쓴 14번째 시다.

"온종일 그렇게 / 조잘대고도, // 무슨 얘기 그렇게 /
남아있을까? // 온종일 그렇게 / 흥얼대고도, //
무슨 노래 그렇게 / 부르고플까?"

"누굴까? // 이토록 긴 얘길 / 맨처음 심은 이는? //
누굴까? // 이토록 긴 얘길 온종일 듣는 이는?"(산골물 1)

긴 얘기 내게 주신 이는 하나님.

내 긴 얘기 종일 듣는 이도 하나님.

성경 시편 말씀이다.

"귀를 지으신 이가 듣지 아니하시랴 눈을 만드신 이가 보지 아니하시랴"(시 94:9)

한 그루 나무도 이렇게 기쁨 주는데

올봄에도 베란다 키 큰 해피트리에 꽃이 피었다.

처음 핀 한 송이는 나뭇잎으로 쌓인 속에 피어 있으니 어찌 찾으랴, 보물찾기다. 두 송이가 또 피었다. 연노랑과 연푸름 중간쯤의 꽃 색이 얼마나 어여쁜지… 한 그루 나무도 사람에게 이리 기쁨 주는데, 사람인 나는 뭘 하고 있는가?

103동 앞에서 산책하는데 엄마와 어린아이가 땅바닥 향해 고개 숙이고 앉아서 한동안 안 움직인다. 지나가는 사람들이 묻는다. 나도 궁금해, 가서 묻는다. "뭐 하세요."

"이게 콩벌렌데, 학명學名이 뭔지는 모르겠어요. 이렇게 하니까 꼼짝 않고 있어요. 언제까지 이러나 보고 있어요."

콩벌레 옆엔 철쭉 꽃잎 한 송이, 그 꽃송이로 콩벌레를 때렸더니, 위험 직감하고 꼼짝 않고 있다.

"너, 커서 과학자 되겠구나, 어머니가 훌륭하셔요."

아이와 엄마에게 따뜻함 담아서 한마디—

내 마음도 따뜻해진다.

내 완벽함은 이기심이다

3월 16일부터 며칠간, 평택 사촌이 자기 동생이랑 우리 고향에 다녀오자고 한다. 그러자면서 저절로 나온 내 탄식 같은 한마디. "…아, 가족도 친구도 다 힘들어, 힘들어…" 그러자 사촌이 한마디 한다.

"언니 주위엔 다 완벽한 사람들이라 그래요."

"뭐?… 그러니? 너도 나와 같은 생각이구나. 늬가 내 속을 알아주는구나. 내 주위엔 완벽한 사람들 천지다."

그리고 한숨 돌리는데,

사촌의 그다음 말이 비수 같이 날아온다.

"그중에서도 언니가 가장 완벽해."

"세상에나 그러니? 내가 문제로구나."

가장 완벽한 사람이 나, 라니… 내가 까다로우니까 남더러 까다롭다 하고, 내가 죽으면(참으면) 되는데 안 죽고 살아서 힘들다고 푸념하는구나.

하남검단행 지하철 안에서

"탱그르르르르르르…." 군자역에서 환승한 하남검단행 지하철 안, 나는 서 있다. 그날 아침 코피가 났기에, 힘없어 물 한 모금 마시려고 물병 꺼낸다. 그 칸 반은 좌석, 반은 빈 공간. 빈 공간에 승객은 양쪽에 마주 보고 서 있고.

내가 물병 뚜껑 열다, 떨어뜨린다. 단단한 뚜껑은 쇳소리(?) 내면서 이쪽에서 반대쪽으로 대각선 그리며 요란하게 굴러간다. 난 부끄러워서 주우러 못 가고, 여학생이 주워준다. 고맙단 말도 못 하고 서 있는데,

다음이 내가 내릴 상일동역.

그 여학생이 먼저 내린다. 나도 내린다. 뛰어서 그를 따라잡는다. "학생, 너무 고마워요. 내가 손에 힘이 없어 떨어뜨렸는데, 정말 고마웠어요." 울듯이 말하는 내 격한 목소리에, 그는 뒤돌아보며 활짝 웃어준다. 대단한 웃음이다.

내가 실수 안 했다면 저런 목화송이 같은 웃음 받을 수 있겠나… 내 힘없는 몸에 설렘과 떨림이 인다… 살아난다.

감색 반코트의 여인을 찾아서

30년 전이던가? 봄가을이면 늘 감색 반코트를 입고 다니는 아가씨를 알고 있었다. 옷을 자주 안 갈아입는 것도 그 사람의 매력, 젊은 여성이 옷에 대해서 초월한다는 건 대단한 실력이다. 그 실력이 목사 사모 되게 했나? 그는 결혼 후, 10여 년, 나와 무소식이다 이번에 만났다.

그들 부부는 결혼하자, 전세 3천만 원 빼서, 국제선교사 훈련받는다는 소식도 듣고… 그 뒤, 세월이 많이 흘렀다.

그날 그 교회 예배실에서 사모(감색 반코트의 여인), 나와 동행한 경선 님이랑 '치유와 회복'에 대해 대화 나누는데, 그의 남편 정 목사님이 들어오신다. 내가 "목사님 앉으셔요." 해도 안 앉으시고 교인들 좌석 하나하나 어루만지듯 반듯하게 고쳐놓으며 가만가만 다니신다. 자녀들이 놀러 간 사이에 어질러 놓은 방 정돈하는 자애로운 아버지처럼— 그 자애로운 목사님 품에서 어린양들(교인)은 맘껏 뛰어놀 것이다.

아내인 그 감색 반코트의 여인도 맘껏 뛰어놀 것이고.

당신은 좋은 편을 택하셨습니다

오랜만에 찾아간 상일동에 있는, 그 교회에서 경선님, 사모(감색 반코트의 여인)와 내가 대화하는데— 내 책 읽으셨다는 한 권사님이 오신다. 나는 그에게 이런 얘기도 한다.

"… 부모 마음은 잘난 자녀보다 못나고 약한 자녀에게 늘 가고 있어요. 그래서 연약하고 가난한 자녀 도와주는 사람이 더 고맙지요. 그렇듯이 하나님도 우리 영적인 부모인데, 교인들 많이 모이는 대형교회보다 작은 교회에서 충성하는 성도를 더 고맙게 여기겠지요. 그 작은 자리가 은혜받을 자리인데, 당신은 참 좋은 편을 택하셨습니다. (어디까지나 제 생각입니다만)"

내 몸 상태가 갑자기 안 좋아서 서둘러 일어난다.

사모인 그가 뒤따라오면서 말한다. "한 권사님이 작가님 드리라고 봉투 주시는데, 제가 작가님은 그런 것 절대 안 받는다고 했어요."

"어쩜 저를 그리 잘 아시고, 고마워요."

사람을 알아보는, 그 사모가 어느 때보다 믿음직스러웠다.

내 응급실이 되어주신 후배 어머님

고향 후배 미애 님(경기도 용인시)이 보낸 글.

〈내 인생 통째로 넘어갈 때〉 읽고 보낸 글이다.

"선생님… 저녁은 드셨는지요?!… 이번 책 제목은 뭔가 특별해서 얼른 읽어봤더니, 친구 분한테 인생이 통째로 넘어가고, 또 원고 청탁하신 장 선생님 친절에 넘어가고, 결국 하나님께 인생을 통째로 넘어가는 이야기로 이어지네요. 선생님 글은 읽으면 읽을수록 따뜻한 마음이 느껴지고 생각이 깊어지는 것 같아요. 4월에 서울 친구들 만나기로 했는데, 지난번에 보내주신 1권과 이번에 보내주신 2권까지 두 권씩 선물해야겠네요…"

고향 후배 미애 님. 그를 얼마나 신뢰했으면, 오래전 내가 남쪽지방에 강사로 갔다 오다 갑자기 병났을 때, 그에게 전화해서 근처 미애 님 어머니 댁을 찾아갔을까?… 그날 저녁, 인사불성으로 보낸 밤 — 인사불성인 몸에도 느껴지던 그 어머니 사랑과 녹두죽. 사랑의 빚은 갚을 수 없다.

결혼도 한 남자에게 통째로 넘어가는 것

〈내 인생 통째로 넘어갈 때〉 읽고 보낸,
아치실 질녀 명희 님이 보낸 글이다.

"책 제목이 참 의미가 깊네요. 지금 책 읽으면서 생각해 보니 결혼도 한 남자에게 통째로 넘어간 것 같고, 우리 크리스찬들은 하나님께 통째로 넘어간 거 맞아요! 재미있는 표현이네요. 역시 작가님은 다르네요. 한 번도 그런 생각해 보지 않았는데… 책 제목, 생각할수록 멋져요! 저에게 멋진 작가 아침 만나게 해 주신 하나님께 감사해요!"

어머니, 아내는 날마다 사랑하는 가족에게 통째로 넘어가면서 산다. 그러나, 미워하고 싫어하는 이웃, 심지어 원수에게도 넘어가 주는 그런 사랑으로 자라나야—
그렇게는 못 해도, 통째로 넘어간 내 이웃이 많을수록 내 사랑의 용량도 커지겠지.

이모, 뭐 먹고 싶으세요?

치과의사 질녀 전화다. "이모 생각이 나서… 이모 책 보고 있어요. 대단하세요… 이모 뭐 먹고 싶어요. 뭐든지 말하세요. 저번 명란 젓… 요즘 젓갈류는 짜다고 안 드시지요."

"아니, 안 짜, 네가 보내면 안 짜." 말해놓고 보니 우습다. 질녀가 예쁘니, 짠 음식도 안 짜다고— 내 친절에 감동해서, 무거운 짐이 금방 가볍다고 말한 택배 아저씨가 생각난다.

오래전 어머니 가시고, 광주 동생이 감 두 박스 보냈을 때다. 하나는 어머니 다니시던 노인당, 하나는 서울 형제들.

그때 우리 집은 복도식 2층, 210호 맨 끝—

그날, 무거운 감 박스 메고 긴 복도로 운반한 택배아저씨, 화가 난 그는, 감 박스 현관에 패대기치면서 나한테—

"이 집에 남자 없어요! 또 한 박스가 있단 말이요!" 나는 얼른 면장갑 들고나간다— 아저씨가 205호 앞에 메고 오는데, 달려가 "아저씨 이리 주세요." 면장갑 얹은 내 머리를 내밀었더니, "… 안 무거워요." 화가 난 택배 아저씨 무거운 감 박스도 내 친절에 금방 가벼워지는가?… 친절의 힘이다.

이런 목사님도 계시구나

동네 친구네 꽃집과 같은 빌딩에 있는 리빙웨이교회.

친구가 그 교회 목사님 말씀이 은혜롭다고 해서, 어느 날 나도 그 교회에 가서 말씀 듣고. 그 뒤 그 교회에 내 산문집(2) 〈내 인생 통째로 넘어갈 때〉 10권 선물.

그 뒤, 꽃집 앞에서 만난 그 교회 목사님 말씀이다.

"… 교인들이 책(기일혜) 좋아해서 다 가져갔어요. 내 책도 없어요…" 이어서 하신 말씀은,

"우리 교회 지향점이 생활예배라…"

'아아 이런 목사님도 계시구나!…' 생활예배 강사 30여 년 만에 이 목사님에게서 처음 듣는 말씀이다. 이제 책 선물도 지쳐서 작파作破하려는 참에— 나는 감격해서, 50권 수필집 중, 가장 많이 읽힌 〈내가 졸고 있을 때〉, 〈가난을 만들고 있을 때〉 10권씩, 그 교회에 선물한다.

형편이 되면 50권 한 질, 다 선물해야지 하면서… (세상에 이런 날도 내게 있구나.)

유부초밥 먹으러 오세요

동네 친구에게 전화하니 동생 여진 님이 받는다.

"언니는 지금 잠깐 밖에 나갔어요." 여진 님과는 4년 만인데, 반갑고 부끄러워지는 마음. 왜 부끄러워지나?

처음, 그가 내게 보냈던 마음 생각하고… 내 글 읽고, 최선의 감동 보낸 사람 앞에선 저절로 부끄러워진다.

내가, "…언니한테 두고 온 책 찾으러 가려고 전화했어요."

"그래요… 점심은 드셨어요?"

"아직 안 먹었어요." "제가 언니랑 먹으려고 유부초밥 싸 왔어요. 같이 들게 오실래요?"

"그런데 부끄러워서…" "전에 선생님이랑 몇 번이나 만났는데, 뭐가 부끄러워요?"

'뭐가 그리 부끄러울까?…' 그때, 여진 님이 아플 때, 내 책 읽고 몸이 좋아졌다는 '최선의 찬사' 받았는데, 지금 내 모습이 그 기대에 못 미칠까 봐, 순간적인 내 환상 작용으로 부끄러워졌나? 나도 잘 모르는 내 부끄러움이다.

평생 점심 대접해야 할 사람

요즘 나는 한 원로 시인에게 죄송한 맘으로 있다.

내 제자 시집 봐주십사 하고 중간에 아는 작가 통해 그에게 부탁했는데, 부득이하게 취소하게 됐다. 그 시인에게 내가 사과 전화 하면 되는데, 못하고 있다. 이런 내 소심한 성품을 알고, 중간에 말해 준 작가가 그 시인 점심 대접한 것 같다.

나는 지금 속으로 그 작가에게 '평생 점심 대접해야지…'

당사자 시인에게 직접 대접 못하고— 이 무슨 못난 짓인가?… 내가 직접 그 시인에게 사과하고 대접하면 될 일을 부끄러워서 못 하고— 그렇게 난 많은 걸 놓치고 산다.

구약시대 성도는 제사장 선지자 통해 하나님께 말씀드렸다. 예수님 십자가 죽음 뒤, 성소 휘장 찢어져 성도는 하나님과 직접 대화— 나도 하나님께 온갖 얘기 다 하면서, 사람에겐 왜 못하나? 사람도 직접대화가 힘 있는데, 간접화법 쓰는 나. 죄성罪性때문인가? 내 환상 때문인가?

아니면— 사람에 대한 어떤 두려움 때문인가?

나는 왜 부끄러워하는가?

나는 왜 늙어서도 부끄러워하나?

나 자신을 알아갈수록 더 부끄러워지기 때문인가?

인간 생명의 근원을 생각한다. 에덴동산에서 범죄 하기 이전의 아담과 하와는 벗었으나 부끄러워하지 않았다. 범죄 후 그들의 벗었음을 알고 무화과 잎으로 벗은 몸을 가렸다.

그렇다면 내 부끄러움도 원죄의식에서 파생한 일종의 죄성罪性인가?

내 부끄러움은, 내 환상에서 비롯된— 나를 잘 보이려는 인간적 성정性情에서 비롯되지 않았나?… 내가 흠과 티가 많다고 진리 앞에 못 서는 것도 아닌데… 주님은, 흠과 티 많은 인간을 더 부르신다. 내가 믿음으로 내 결점 치부 가지고 신 앞에 서듯, 못난 내 모습 그대로 사람과도 직면해야 한다.

남에게 잘 보이려는 부정직한 마음을 버리고.

이천의 봄 아가씨

내가 이천역에 내려 김 선생(70대) 승용차에 오르니, 그의 화사한 봄 점퍼가 눈에 확— 이천의 봄을 다 안고 있는 모습이다. “어머 이천의 봄 아가씨!”

그는 아무렇지도 않게 말한다.

“이거 오래된 건데··· 색이 바래서 뒤집어 입었어요.”

그 점퍼 겉감 색은 날아갔어도 안감 색이 봄꽃처럼 화사.

나도 그에게서 배운 대로, 친구가 준 봄 스웨터 붉은색이 너무 화려해 뒤집었더니 엷은 분홍색. 요즘은 옷을 뒤집은 것처럼 일부러 그렇게 만들기도 한다. 내가 입은 그 옷을 보고 누가 “작가님 옷, 뒤집어 입었네요.” 내가 설명한다.

‘멋쟁이 이천 김 선생한테 배워서 그렇다고.’

옷만 아니라 인생도 한번 뒤집어 생각해 보면 어떨까,

인생 죽으면 끝 — 이걸 뒤집어, 인생 죽으면 끝 아니다, 심판 있다 — 사후 심판 생각하며,

신 앞에 설 날 생각하며 정직하게 사랑하며 살아야 한다.

강청强請은 힘이 있다

이천 김 선생이 내 책 급히 선물할 데 있다고 해서, 책 들고 급히 이천으로 갔다. 책만 전하고 오려는데, 김 선생이 부탁한다. 내일 선물할 목사님 열다섯 분께 사인해 달라고—

그럴 필요가 있을까? 그래도 순종해서 사인하려니, 장소도 마땅찮고… 결국 음식점 쉼터 아이스박스 받치고 열다섯 분 성함, 담임 교회 명까지 쓰면서 생각한다.

'강청强請은 힘이 있구나.'

오래전 광주에 강사로 간 숙소 할머니는, 내가 전날 머리 감았다 해도 그날은 주일이라고, 또 감으라, 강요. 강요에도 순종. 그는 내 감은 머리에 강제로 기름 바르고(난 기름 안 바름). 강사를 손바닥에 놓고 명령하는 것 같은 그의 주장도 다 들어줬다. 허나 안 들어줄 때가 있다.

목포 어느 교회 갔을 때, 숙소가 최고급 호텔. 호텔비 아깝고, 호텔의 복잡한 최신식 시설이 싫어서, 그날 저녁 급히 구한 숙소는 교회 옆, 할머니 혼자 사시는 단칸방.

할머니는 아랫목 나는 윗목— 마구간보다 낫다.

사가정역에서 만난 임 선생

한 10여 년 만에 만나는 임 선생. 나는 초행이라, 상일동역에 약속 시간 20분 전 도착. 시간이 되어가자 임 선생 전화, "작가님 10분 늦겠네요. 택시를 못 잡아서…"

"괜찮아요. 천천히 오세요."

"거기(역사 안) 서 계시지 말고 앉아서 기다리세요."

"나는 서 있는 게 편해요. 괜찮아요."

쉼터 자리는 아주머니들이 다 차지 — 그날이 토요일이라 어디 가려는 사람들로 개찰구 앞은 북적거린다. 멀리서 와 일행 기다리는 아낙들이 시장했는지 쉼터 자리에서 고구마 꺼내 놓고 먹고… 사람 사는 동네 같은 온기를 느끼면서 역 구내를 왔다 갔다 하며, 이런 생각도 한다.

'아까 임 선생이 서 있지 말고 앉아 있으라고 하면 — 예, 하면 되지, '괜찮으니 서 있겠다고.' 예, 하면 상대 맘도 편했을 텐데, 굳이 서 있겠다고 말했을까? 누가 뭐라고 말하면 예, 않고 — 내 의견 덧붙이는 건 자아가 살아있다는 증거.

오늘도 부지불식간에 튀어나온 내 자아다. 이기심이다.

내 자유와 평화가 사는 곳

어느 독자가 내 책을 읽고 감격스런 독후감을 글로 보냈다.

"보내주신 선물(책) 밑줄 쳐가며 읽고 있습니다. 고운 님의 모습 그려가며 읽고 있습니다… 저에게는 세 분의 님들이 있습니다. 사랑하는 님, 그리운 님, 그리고 고운 님, 이제 고마우신 님도 추가해야만 할 것 같아서 생각 중입니다… 제 마음 헤아려 주신 선생님은 저의 소중한 스승님이십니다. 내 마음 다 할 때까지 고우신 스승님이십니다."

"…저는 모자람이 많은 사람입니다. 스승님이라니요?
가장 낮고 천한 자리에 제 자유와 평화가 있습니다.
겸손이 아니라 제가 살아 본 체험에서,
저를 밑바닥까지 보고 나서 드리는 말씀입니다."

나 선생님의, 노년 자유에 박수를

노년이 서글프기만 하랴, 노년 자유를 누리는 장성 나 선생님도 있다. 그의 시 "노년의 자유에 박수를" 전문이다.

"빚이 없으니 내야 할 이자도 없고 / 땅이 없으니 농사일해야 할 이유도 없어라 / 바둥바둥 애쓴 세월에게 염치없어 / 이제 자유를 주노라 // 자고 싶으면 자고 먹고 싶으면 먹고 / 책 읽고 싶으면 읽고 어디든 간다 // 아 / 나이 들어서 / 좋은 것들이 이렇게도 많구나 / 진정한 자유란 이런 것이었구나 / 노년의 자유에 박수갈채를 보낸다…"

노년은 삶에서 어느 정도 자유하다. 허나 아직도 '육신의 정욕, 안목의 정욕, 이 생의 자랑'에서 자유하지 못한 나 —

지금도 싸워야 하는 내 탐심들. "이는 세상에 있는 모든 것이 육신의 정욕과 안목의 정욕과 이생의 자랑이니 다 아버지(하나님)께로부터 온 것이 아니요 세상으로부터 온 것이라"(요한1서 2:16) 그래서 더욱,

나 시인의 '노년 자유'에 박수를 보낸다.

내 영혼에 쳐들어 온 사람

오늘 포항 독자가 우리 집에 오셨다. 아침부터 손님맞이 청소하는 나를 보고 남편이 말한다. "오늘 무슨 칙사가 오시나?" 칙사勅使란 '조선시대에 명나라, 청나라에서 황제의 칙서를 가지고 오는 중국의 사신이라고…'

나는 그 독자를 남편에게 소개한다. "7, 8년 전에 포항 집회 갔을 때, 나를 불국사, 석굴암 구경시켜 준 분인데… 고3 때 불국사로 수학여행 갔는데 멀미 나고 아파서 숙소에 남아 구경도 못했으니… 내겐 칙사보다 더한 귀빈이지요."

포항 독자는 나를 보자, 내 가슴을 아프도록 끌어안으면서 기도한다, "선생님의 사랑이 저한테로 옮겨지기를!…"

나도, 그의 기도를 들어주시기를 기도하고.

내가 타인 심장과 맞대고 한 기도는 그때가 처음.

그가 내 영혼 안으로 쳐들어와서—

천국은 침노하는 자에게 빼앗긴다.

꼭 연인한테 얘기하는 것 같네

우리 집에 오신 포항 독자가 선릉역으로 가, 아들 만난다고 일어선다. 그는 근처 꽃집에 들러 아들 주신다고 꽃도 사고.

얼마 뒤 그에게 전화한다, "아드님 잘 만나셨어요?… 제가 큰 실수 했네요. 아까, 꽃값 제가 냈어야 했는데… 그리고 서울 지리에 서투시니 선릉역까지 모시고 갔어야 했고."
"마을버스 같이 탄, 그분이 친절하게 지하철 타는 데까지 가르쳐줬어요."

"그래요, 아드님과 즐거운 저녁 보내세요."

어지러워, 그와 동행 못하고 꽃값도 못 낸 미안함이 몇 겹으로 쌓여서, 극도로 연해진 내 목소리다. 나도 내 연해진 목소리를 느끼면서 끊는데, 옆에서 듣고 있던 남편이,

"꼭 연인한테 얘기하는 것 같네."

살다 보니 미안함도 쓸모가 있구나. 미안함이 쌓이면 연인 목소리처럼 연하고 부드러워지기도 하니까.

사랑이 들어오면 가난이 나간다

오늘은 한 친구가 우리 집에 오는 날이다.

나는 그에게 드릴 책 선물을 준비한다. 그에게 소포 우편으로 보낸 책, 그가 이사 가서 반송된 책 3권과 집에 있는 책 10권, 쇼핑백에 넣는다. 이걸 본 남편이, "무슨 책을 그리 많이—"

"사람에게 뭘 줄 때는 후하게 해야 해요. 그래야, 하나님도 우리에게 후하시지. 내가 계산하며 드리면 하나님도 계산해서 내게 주신대요. 성경에 있어요."

"주라 그리하면 너희에게 줄 것이니 곧 후히 되어 누르고 흔들어 넘치도록 하여 너희에게 안겨 주리라 너희가 헤아리는 그 헤아림으로 너희도 헤아림을 도로 받을 것이니라" (누가복음 6:38)

'가난이 들어오면 사랑이 나간다.' 아니다.

'사랑이 들어오면 가난이 나간다.'

정지용이 본 시인 윤동주

"…교토 도시샤대학 교정에는 정지용, 윤동주의 시비가 나란히 세워져 있다. 윤동주는 정지용을 흠모했지만, 두 시인이 만났다는 기록은 없다. 1945년 2월 16일 후쿠오카 형무소에서 생을 마감한 윤동주 시편들을 널리 알린 사람이 정지용이었다. 윤동주의 동생 윤일주는 시인의 마음이 어떠했느냐는 정지용 물음에 '순하디 순하였습니다' '인색하진 않았나?'라는 물음에는 '누가 달라면 책이나 셔츠나 거져 줍데다.' 윤동주는 시도 천성도 아름다웠다."(장석남 글)

인천 동생 집 갔다 오다, 환승역 플랫폼— 언제나 그 자리에 서면, 투명 안전벽(?)에 써 있는 윤동주의 시 "첫눈"
볼 때마다 마음 깨끗해지고 무언가 그리워진다.

"누나! / 이 겨울에도 / 눈이 가득이 왔습니다 // 흰 봉투에 / 눈을 한 줌 넣고 / 글씨도 쓰지 말고 / 우표도 붙이지 말고 / 말쑥하게 그대로 / 편지를 부칠까요 // 누나가신 나라엔 / 눈이 아니온다기에

4부

방아 언니 시집가는 날

오늘 아침의 스카프 미인

비가 오고 안개도 좀 낀 축축한 초 여름날 오전 중.

나는 급히 요코하마 선교사님 만나러 집을 나선다. 옆 동 아파트 현관 앞에서 일하시는 미화원 아주머니가 보인다. 머리에 쓴 스카프, 진노랑 바탕에 붉고 푸른 작은 무늬가 이 아침을 산뜻하게— 저만치서 일하는 그를 지나치려다가 한마디 인사,

"아주머니! 오늘 아침 스카프 미인이어요!"

"예? 하아하아하아…"

스카프만 미인이고 내 얼굴은 미인 아니란 말인가 할까 봐, 덧붙인다. "얼굴도 고우신 중년 미인, 건강 미인!"

혈색이 좋고 깨끗한 건강미인인 그가 정말 붉은 해당화처럼 함빡 웃는다. 내 아침도 함빡 핀 붉은 해당화.

당신이 꽃이면 보는 나도 꽃이다.

미화원 아주머니께 드린 '스카프 미인' 한마디가,

비 오고 축축한 우리 아침을 쾌청하게 한다.

일 하랴, 멋 내랴, 글 쓰랴

동네 친구가 멋있는 옷을 한 보따리 주면서 말한다.

"…그 자매님이, 작가님이 이런 옷 입으실까? 해서 선생님은 뭐든지 다 어울린다고 했어요."

"당신 입으시지?" "나나 그 자매님이나 허리가 안 맞아요." 빗속에 그 보따리 들고 집으로.

이튿날 아침 산책하려 나가려다 본 옷 보따리. 바지통 넓은 깔깔한 검은 바지 꺼내 입고 편하게 나간다. 기분이 새롭다. 봄꽃들이 사랑스러워서 바라본다. 문득— 오늘 남편이 외출한다고 '9시 아침' 했는데, 늦었다. 부랴부랴 들어와 아침 준비하면서, "아이고 멋 내랴! 일 하랴! 글 쓰랴!…"

한 트로트 가수가 "트로트는 멋이 아니라 맛이지요." 오늘 아침 그 말이 생각난다. '인생도 멋이 아니라 맛이지요.' 그러나 옷도 그 사람 언어— 옷도 중요, 남편 밥도 중요, 내 글쓰기도 중요, 무엇 하나 소홀할 수 있으랴. 하나님은 내 머리카락 하나까지도 세고 계시는데, 그만큼 내 모든 것 아끼시는데— 내게 주어진 일, 무엇 하나 소홀할 수 있으랴.

일본에선 도저히 있을 수 없는 일

기일혜 수필선집 일본어 번역본 교정 관계로 만난 세 사람. 일본 선교사님, 편집실장님, 나 — 일행은 점심 때라 한 식당으로 간다. 실장님이 먼저 자기 카드로 주문해 버린다.

자리에 앉은 실장님 앞에 고등어 생선구이 한 상, 선교사님과 내 앞엔 갈치구이 한 상. 곧 실장님이 고등어 맛도 좀 보시라면서 선교사님과 내 갈치 접시에 고등어 살점을 떼 놓는다. 그 섬세한 배려에 내가 감탄하니, 선교사님이,

"일본에선 도저히 있을 수 없는 일입니다."

"실장님은 공적인 일에도 따뜻함을 묘하게 불어넣어요… 일 처리할 땐 냉철하시지만."

일본에선 있을 수 없는 일이 한국에선 있다. 그 정情이라는 것, 이웃에 대한 인간적인 사랑이라고 생각한다.

이어지는 선교사님 말씀, "오랜만에 갈치구이 먹습니다. 일본에서 갈치는 고등어, 아지 값의 두 배입니다."

가난한 선교사 생활— 헌신의 삶, 내 눈에 눈물 고인다.

나, 내일 전주 갑니다

내 책 주문하려고 출판사로 전화하니 양 과장님이 받는다. 책 주문 끝난 뒤, 그가 하신 말씀, "전주 사는 독자, 전○영 님이 저(과장님), 출판사 복귀 기념으로 기일혜 수필집 두 질(1질 50권) 주문했어요…" "과장님 복귀 기념으로요?… 세상에 이런 명목으로 책 주문한 독자가 있다니… 제 책 좋아서보다 과장님이 다시 오셔서, 과장님 좋아하는 마음이 더 큰 것 같아요."

얼마 전 양 과장님은 잠시 출판사 떠났다 오셨는데, 그 기념으로 책 주문하시다니, 이런 책 주문도 있나? 나는 감격해서 "… 과장님, 저, 내일 전주 갑니다. 전○영 님 만나러… 제 마음으로요—" 성경(잠언)에 있는 말씀,

"나를 사랑하는 자들이 나의 사랑을 입으며 나를 간절히 찾는 자가 나를 만날 것이니라"(잠 8:17)

전○영 님 내 책 사랑은 나를 간절한 찾음이니, 그를 만나러 곧 전주 가야 한다. 그가 오길 기다리지 못하고—

성급함 아니고 순리다.

소포 부치는 선교사님 옆에서

그날 비가 내리고 축축해서 우울하기까지 한 날.

출판사 옆 우체국이다. 선교사님은 내가 선물한 내 책 30권 배낭에 메고, 우체국에 들렀다.

나도 우체국까지 동행. 선교사님은 누구에게 보낼, 사모가 부탁한 일본 과자 몇 봉지와 내 책 한 권을 우체국 규정 박스에 넣어서 포장하고. 그걸 옆에서 지켜보는 나… 한국에 나와서도 일감 많은 선교사님. 근심 많은 늙은 노모가 노년 아들을 안쓰럽게 지켜보듯, 선교사님이 포장하는 걸 지켜보고 있다. 문득 내가 옆에 있는 게 피곤하실 것 같아 떠나려고, "선교사님 이 소포 부칠 때 쓰세요. 적지만(3만원)… 선교사님 맘 편안하시라고 저 먼저 갑니다."

마음으로만 선교사님 고생하신다, 않고 적은 돈이지만 드리고 온 게 잘한 것 같다. 적은 것에 마음이 더 담긴다.

좋은 뜻 받기가 더 어렵다

어렸을 때, 듣던 어머니 말씀. "좋은 뜻 받기가 더 어렵다."

왜 그럴까?… 좋은 사람은 착하고 너그러워서 내 잘못이나, 실수도 다 받아줄 것 같은데, 왜 더 어렵다고 하지?… 나는 요즘 내가 좋아하는 사람들 멀리 하고, 거의 안 만나고 있다. 왜 그럴까? 그 뜻 받기가 어려워서? 그렇다.

요즘은 그 관계를 잘 유지할 심신의 힘이 없다.

그럼 나는 좋은 관계를 힘들여 유지했던가? 그렇다. 좋아하는 사람들 앞에선 삼가고 조심할 것도 많다. 좋아하는 이 앞에서 편하게 막 살 수는 없는 일. 마냥 편하게 대할 사람이 어디 있겠나? 관계란 다 조심스러운 인격적인 관계다.

그런데, 그 조심마저 버리고 편하게 살고 싶은 요즘의 나 — 바닥이 난 심신, 다 살았다는 증거인가? 그렇다.

그동안 많이 살았나 보다. 좀 쉬고 싶다.

다시— 살기 위해서.

나를 쉬게 하는 보통 사람들

내 심신에 부담이 덜 되는, 그렇게 친밀하지도 멀지도 않은 보통 친구들이 좋다. 내가 좋아하는 사람들 앞에선 지금도 격렬해지는 심정을 감당하기 힘드니까. 조금만 좋아하고 조금은 싫어도 하는 관계가 편하다. 남편이 주장한 불가근불가원不可近不可遠의 경지라고나 할까?… 가깝지도 멀지도 않은 거리 두고, 가끔 만나는 평온한 관계. 그런 동네 친구들이 좋다.

어제, 동네 친구 집에 모인 사람은 넷. 동네 친구의 친구, 친구의 동생, 나, 넷이서 얘기하는데 편안하다. 남의 훌륭한 얘기도 들어가면서 가끔 내 얘기도 좀 곁들이고, 생각이 다른 사람들 얘기 듣다가 석양에 일어난다. 나 혼자 일어나도 세 분이나 남아 있으니, 가는 마음도 가볍고. 삶은 무리하지 말고 자연스럽게 — 평생 무리하면서 산 내 삶 속에서 우러난 말이다. 그러나 무리 않고 되는 일 있던가, 없다(?).

내 인생은 '무리와 순리' 사이를 왔다 갔다 하고 있다.

잃어버린 할아버지네 들판

사촌들과 고향 친척 집 방문하기로 한 날, 내 몸 상태가 안 좋아 사촌들만 갔다. 아쉬운 마음인데, 사촌이 보내준 '할아버지네 들판' 사진, 보고 안 가길 잘했다고 생각한다.

할아버지네 들판 — 왼쪽으론 큰 냇물이 흐르고 오른쪽은 맑은 도랑물이 사시사철 가득 넘쳐흐르는 아름다운 들판에, 4차선 도로가 나고 수영장 있는 고급빌라 분양 중. 돈 있는 광주 사람들이 입지立地가 좋아서 선호한다고.

친척 질부가 사촌 시누이들 왔다고 한 상 차렸다기에 나도 갔으면 고향 나물 맛봤을 건데 하다,

'안 가길 잘했다. 앞으로 거긴 안 갈 거야!'

옛날 할아비지네 그 들판을 그대로 간직할 거야 — 어린 날, 할아버지 집으로 심부름 갔을 때. 언니, 동생은 할아버지 집 안으로 들어갔지만 난 할아버지 눈이 무서워 못 들어가고 혼자 그 들판 딸기밭머리에 앉아, 맛있는 걸 먹고 있을 언니 동생 부러워 한, 그 어린 시절을 잃기 싫어서다.

모로코의 카사블랑카에 갔지만

50대 후반에 나는 모로코 수도 라바트에 갔다. 직장 일로 잠시 모로코에 거주하시는 사돈 내외분 초청으로. 그때 2,000년 된 도시 페스, 카사블랑카, 마라케시 등을 관광했지만 내 기억엔 페스에서 1달러 달라고 소리치던 어린 아이들과 마라케시의 징그러운 뱀 춤이 남아 있다.

〈카사블랑카〉 잉그리드 버그먼 주연의 명화, 그 원본 작가 얘기다. "…실제로 그 영화, 원본 작가는 카사블랑카는 물론, 모로코도 가본 적이 없었다. 오로지 상상으로만 글을 썼는데, 이유는 '실제로 방문하면 그 상상이 깨질까 봐'…" (박진배의 공간과 스타일에서)

그날 고향에 동행 못한 내게 사촌이 보낸 사진 — 옛날 할아버지네 들판이 개발돼, 4차선 도로, 수영장 있는 고급 빌라가 분양 중이란 소식 듣고, '거기 안 가길 잘했다!'

태고의 정적이 감돌던 할아버지네 들판을 잃기 싫어서다.

어린 날의 기억과 환상은 내 작가혼의 양식이니까.

〈나의 아내 미우라 아야코〉를 읽고

일본 작가 미우라 아야코 남편, 미우라가 쓴 〈나의 아내 미우라 아야꼬〉 두 번째 읽는다.

그는 일본 단시短詩 하이쿠의 작가. 그러나 세계적인 작가 아내를, 그가 잘 볼 수 있겠나? 내 남편이 아내인 나, 도저히 모르듯, 하이쿠 작가인 아야코 남편도 〈빙점氷點〉 작가 아내 말하기엔 한계가 있지 않을까? 그가 아내를 부분적으로 말할까 봐, 두 번째 책 읽기는 중간에 그만둔다.

내 작품이 나를 말하지, 내 남편이 내 작가성 말하긴 어렵다. 내 인간적 면모야 말하겠지만 — 인간적 면모는 작가성의 일부 — 인간적으로 작가를 말하는 건 미흡하고 부분적이기도 하다. 내 생각이다.

도스토옙스키 부인 안나는 남편 회고록에서 남편에 대한 좋은 애기만 쓰고 안 좋은 애기(도스토옙스키 편지 일기 등), 지워버렸기에 — 도스토옙스키 작품 연구가 어렵다는 평론가 애기도 있다. 작품은 평론가 도움 받아 읽는 것도 좋지만,

가능하면 내가 읽고 느끼는 것도 좋다고 생각한다.

결혼식 축사대로 살아온 어머니

30년 전, 그의 결혼식에 내가 축시 읽었다는 동네 친구가 찾아왔다. 그는 아들 결혼 소식을 알리면서 이런 말 한다.

"…결혼식 날 목사님 축사해 주신 말씀대로, 작가님이 축시에서 부탁하신 말씀대로 그렇게 제가 살지 않았나 하는 생각이 드네요…" 나도 그렇게 생각한다.

얘기 중 내가 "당신은 시성詩性이 있어요."

그 뒤, 그는 결혼하는 아들(중1 때)의 시 "꽃과 땅" 보여준다.

> "꽃과 땅은 / 다정하게 살아간다 / 꽃은 땅을 안고 있고 / 땅은 꽃을 안아 준다 // 자신이 가진 모든 것을 / 꽃에게 주는 땅의 모습이 / 자신의 모습으로 / 땅을 빛나게 하는 꽃의 모습처럼 / 꽃과 땅은 / 어머니와 아들의 모습으로 살아간다"

'꽃과 땅'을 어머니와 아들 관계로 보는 어린 아들의 시각이 따뜻하고 화목하다. 이 시가 그가 결혼생활 30년 간, 어떻게 가정 이루고 어떻게 자녀 가르치며 살았는지,

잘 말해주고 있다.

사람과 뭘 주고받을 힘도 없는 나

어느 친구가 오늘 아침에 갑자기 보낸 글. "제가 무례하게 아침에 ○○역 갑니다. 잠깐만 역으로 오실 수 있을까요? ○○○지하철 탔습니다. 혹 어려우시면~~ 어쩌죠?"

"…얼마 후에 나갈까요?… 20분 후, 제가 ○○역으로 나갈게요…" "곧 가요." '곧!…'

'갑자기 곧 나오라면 어떻게 해.' 나가 보니, 과일과 두릅 등을 넣은 쇼핑백 들고 그가 서 있다. 미안한 내가 말한다.

"약속을 하고 오셔야지요, 갑자기 오시면…." 그는 어리둥절한 내게 쇼핑백을 건네주고 돌아가서 곧 글 보냈다. "오늘 아침에 많이 죄송했습니다. 받아주셔서 고맙습니다."

"저는 많이 가슴 아픕니다. 아직도 저를 잘 모르시는 것 같고 — 그러나 다 지나가고 주 안에서 괜찮습니다. 편안하세요." 사람과 뭘 주고받을 힘도 없는 나.

내게 뭘 안 주셨으면 한다.

내가 늘 곤비한 이유

4월 4일 고향 도착. 다음날 문예창작반 참석해, 회원들 만나고. 오후엔 장소 옮겨 순임 작은아버지 별장 집에서 제자들 만나 밤 12시 반까지 대화, 다음날 오전에 축령산 편백나무 숲 산책하고, 오후 동생 집에 와서 쓰러졌다—

과로한 몸이 음식을 소화 못해 일어난 약한 곽란 같은 증세였다. 상태가 심상찮아, 귀가하려고 아들에게 열차표 변경도 알아보고. 그날 후배 저녁초대에도 못 가고.

그러나 급히 지어 온 약 먹고—좀 가라앉은 다음날 아침.

어제저녁 초대한 후배 집 음식(날 대접하려는)이 걱정돼, 동생과 같이 가서, 조심스럽게 아침 들었다.

고향 도서관 관장님이 문예창작반 모임에서 나를 관찰하시고, "선생님(기일혜)은, 모임에서 사람을 전체로 보지 않고 사람 하나, 하나를 개인적으로 대하시대요…"

"네?… 한 사람이라도 소홀하게 대하면 안 되지요, 마음을 다해서 만나려고 해요." 그래서 난 늘 곤비하다.

끌려 다니면서 사는 나

고향 방문 7일 동안, 한 사람이라도 더 만나려고 한 건, 사람만이 날 끌어가기 때문이다. 거기서 머무는 동안 과로의 연속이라, 주일은 동생 집에서 조용히 비대면 예배드리려고 했는데, 후배가 자기가 출석하는 교회에서 예배드리자고 권한다. 그 교회 목사님께도 이미 말씀드렸다고 해서, 지친 몸으로 후배 따라갔다. 내가 강사로 갔던 그 교회 자랑하고 싶은 후배 마음 존중해서. 그날, 후배 따라가서, 귀한 사람들 만난 풍성한 하루였다.

거기서 낮예배 드리고, 오후예배는 어지러워서 교회 뒤뜰에 만개한 벚꽃 밑에서 혼자 예배— 자기 몸 관리 못하고 날마다 거의 죽으면서 사는 나. 사람 부탁 거절 못하고 끌려 다니면서 사는— 이것도 내가 사는 방법이다.

그런데 이상하다. 끌려 다니며 '남 뜻대로' 사는 길엔 보화가 있고, 내가 가고 싶은 길엔 없다(?). 남 뜻은 주님 뜻이고, 내 뜻은 자아가 살아 있는 내 육신 뜻인가?

벚꽃 아래서 내가 전화한 사람

후배 교회 뒤뜰, 만개한 벚꽃 아래 작은 바윗돌에 앉아서 혼자 오후 예배드리고, 기도하면서 하나님과 대화하고 나니, 사람과도 대화하고 싶다. 평택 사촌에게 전화한다.

"지금 뭣 하는가?… 나는 지금 벚꽃 아래서 예배드리네… 바람에 꽃잎들이 한 잎 한 잎 떨어지다가 우우 떨어지네. 보도 위에 쌓인 꽃잎들이 아픈 나를 만져주네… 형언키 어렵네."

"…언니, 지난번에 남편하고 동해안 쪽으로 여행 갔다 왔어요. 올라오면서 벚꽃 너무 많이 봤어요. 벚꽃을 보면서 인생도 저렇게 잠깐 왔다 가는데, 욕심 안 부리고 살아야겠구나, 했어요." "자네도 철이 드네. 철들면 죽는다지만— 사람이 철들면 자기 생명 만든 창조주를 찾게 돼."

"인생은 짧고 예술을 길다." 예술도 '잠깐 길다' 그런데, 무한하게 긴 살아있는 영원이 있다. 내게 영원 사모하는 마음 있는 건, 그 영원이, 영생이 실재한다는 증거다.

사람 생명이 이렇게 아름다울 수가

이렇게도 사람 생명이 연할 수가, 보드라울 수가 있을까?

그날 그 댁에서 만난 정미 님 따님인 지연(23세) 양.

어린 새 잎 같이 생명의 '연한 신비'가 느껴지는 어린 아가씨다. 어머니 정미 님에겐 친구, 언니 같고, 스승 같이 의지가 된다는 딸, 지연 양.

인간에겐 환상이나 신화가 필요하다고 한다. 지연 양은,

그런 환상이나 신화가 필요하다는 생각을, 나에게 해주는 아름다움이다. 혼탁한 이 시대, 여성의 참 아름다움이 사라져가는 당대에 그를 만난 건 축복이다.

내 축복을 확인하려고,

그를 다시 만나진 않으리라.

인생의 모든 것은 잠깐 다 지나가는 것이기에.

지연 양의 아빠

그날 한강로에 있는 정미 님 댁에서 점심 든 후,

나와 지연 양(정미 님 딸)은 소파에 앉고, 정미 님과 그의 남편은 맞은편 의자에 앉았다.

지연 양 아빠는 내 맞은편이라 내가 그의 표정을 잘 볼 수가 있다. 지연 양 바라보는 아빠 표정은 흐뭇하고 사랑스러운 감성적 부성애가 아니다. 무심한 듯한 표정 밑으로 고이는 아픔 같은 것? 그의 부성애는, 형언키 어려운, 어린 생명에 대한 경외감마저 서려 있는 듯.

내 아버지는 표정이 별로 없는 분. 내가 결혼해서 신랑집으로 가는 날, 내 아버지가 신부인 나 데리고 요객으로 가는 예법도 무시하고, "나 안 간다. 너 두고 못 돌아온다."

신랑 신부 둘이만 갔다. 이런 내 아버지 심정이 지금 지연 양(23세) 바라보는 아빠 심정 아닐까? 어쩌면 이건 지연 양 바라보는 내 심정인지도. 사람은 남을 자기만큼 보니까.

나무 한 그루와 시 한 편

집에서 지하철 7호선, 4호선, 9호선으로 환승해 다시 김포골드라인, 장기역에 내리면 내 독자 정미 님이 사는 아파트가 있다. 나를 마중 나온 그는 나를 데리고 연초록 녹음 덮인 아름다운 공원을 지나간다. "선생님과 도란도란 걷고 싶어서 이 공원으로 돌아서 가요."

길고 넓은 공원을 지나서 간다. 돌아올 때 보니, 공원에는 걸음을 멈추게 하는 이육사, 김소월, 정호승의 시비詩碑가 있고, 정호승의 시 "햇살에게" 전문이다.

> "이른 아침에 / 먼지를 / 볼 수 있게 해주셔서 감사합니다 // 이제는 내가 / 먼지에 불과하다는 것을 알게 해 주셔서 감사합니다 // 그래도 먼지가 된 나를 / 하루 종일 찬란하게 / 비춰주셔서 감사합니다."

우리 아파트엔 나무 많고 시비는 없다. 한 그루 나무는 시 한 편 같지만 그래도 시비가 있으면 더 좋을 것인데.

오빠는 요즈음

지방에서 아주 오랜만에 동생이 왔다.(2023년) 인천 동생 집에서 묵는데, 오늘은 오빠가 점심 대접한다. 오빠집 근처 식당에서 점심 들고 나오는데, 음식점주인이 밖에까지 나와서 우리를 배웅한다. 이상하다 했더니, 오빠는 음식 값을 카드 결제 안 하고 은행에서 현금으로 바꿔, 현금 지불한다. 거기에 팁으로 만 원 얹어서. 작은 일에도 남을 배려하는 오빠에게서 배운다.

오빠는 요즈음(2024. 5) 그동안 소원하게 지낸 친척, 친구, 지인들 만나 점심 대접하고 용돈(많이) 드린다. 인생 만년의 정리 차원인가?… 평상시에도 내 있는 것 어려운 이웃과 나누고, 그만큼 내가 가난하게 사는 것. 그게 가난 만드는 삶이라고 생각한다. 예수님도 우리를 위해서 가난하게 되셨다.

"우리 주 예수 그리스도의 은혜를 너희가 알거니와 부요하신 이로서 너희를 위하여 가난하게 되심은 그의 가난함으로 말미암아 너희를 부요하게 하려 하심이라"(고린도후서 8:9)

천국에 가도 눈은 꼭 있어야 해요

눈이 오는 날, 가만있을 수가 없어서 눈 보러 나가려다, 안방에 들어가 남편에게 말한다. "눈 오는 날은 가만있을 수가 없어요… 천국에 가도 눈은 있어야 해요, 당신도 있어야 하고." 이런 내 글(산문집 2) 읽은 동네 시인이 말한다. "어떻게 그런 말을 그렇게(금방 쉽게) 할 수가 있어요? '천국에도 눈이 있어야 하고 남편도 있어야 한다 고.'"

내겐 당연한 말인데 왜 그러시지? 하면서 그 자리에선 대답 못하고 집에 와서 생각한다. 한동안 생각하다가 아아, 나는 천국이 있다는 확신, 절대 믿음이 순간적으로 그런 말 나오게 하는구나. 내게 있어서 천국은 관념이 아니라, 꼭 있는 실재實在— 내겐 실재한 천국, 실재한 살아 계신 하나님이기에 그런 말이 저절로 금방 툭 튀어나왔구나.

그렇다고 동네 시인이 믿음 없다는 말 아니다. 그는 나와 다른 상황에서 생생하게 하나님 절대 의지한다.

내가 놀랄 정도로 어린이 같이.

고슴도치도 제 새끼는 함함한다

그날, 오빠, 동생들과 식당에서 점심 들고 나올 때,

오빠가 그 식당 주인에게 팁도 주고, 점심 값도 현금지불하며 배려하는 게 궁금해서 물었다. "오빠, 그 주인에게 왜 그렇게 잘 해요. 그가 친절해서요?" "아니다." "그런데 왜?"

"그 사람은 장사 하나밖에 모르는 지독한 사람이야, 그래서 이 바닥에서 살아남았지, 다른 가게들 다 망해서 문 닫았는데…" "그래요, 오빠는 사람에게서 하나만 보시네요."

내가 봐도 식당 주인 남자는 뚝뚝하고 표정 없음, 매력 없다.

하나님도 나를 보실 때, '자기 마음에 합한' 하나만 보시지 않을까? "고슴도치도 제 새끼는 함함한다." 고슴도치는 제 새끼 날카로운 가시도 부드럽다고 하듯, 내가 하나님 자녀(새끼) 되면 내 모든 죄도 없다 — 하신다.

그의 자녀 되려면 그의 사랑 믿고,

그를 가장 사랑하면 된다.

가을엔 생각하게 하소서!

동네 은행 앞으로 남편 만나러 가고 있다. 용건으로 하는 외출 아니기에 한가하고 넉넉하고… 초가을 햇빛이 유난히 맑아서 무언가 하염없이 그리워진다. 그렇게 가는 도중에 동네 커피집 창가를 지나는데, 눈이 간다. 초로의 여인이 햇빛 쏟아지는 창가에 앉아 커피(차) 한 잔 앞에 놓고, 쏟아지는 햇살을 그대로 받으면서 앉아있다. 뭔가를 깊이 생각하는 얼굴. 수수한 일상복으로 앉아 먼 데를 바라보면서, 깊은 생각에 잠긴 모습이 나를 끌어당긴다.

여인은 오랫동안 그 자세로 앉아있다. 나는 한참이나 그 모습을 바라보다가 커피집으로 들어간다. 여인에게 말을 할까 말까… '생각하는 당신 모습이 아름다워서 그냥 지나갈 수가 없습니다.' 내가 말하고 나면 여인 생각이 끊길지도 몰라 말없이 그냥 밖으로 나온다.

"가을엔 기도하게 하소서"
'가을엔 요즘 여인들(나도 포함해서), 생각 좀 하게 하소서!'

맞춤형 사랑과 무한 사랑

아버지는 내가 보장받은 교사직 사표 내고 더 공부하는 남편 따라 서울 간다니, “너를 도저히 모르겠다.” 오빠도 가끔 “일혜야, 너를 도저히 모르겠다!” 가끔 비상식적이고 돈의 가치를 경시하는 나를 모르겠다고. 그런 사람들 속엔 내 남편도 있다. 58년 살아도 나를 도저히 모르겠단다.

왜 그렇게 나를 모를까?… 어제 커피집 창가에 앉아 생각하는 여인 보고 나서, 나도 생각한다… 내가 범사에 맞춤형 사랑 아닌, 무한 사랑으로 살려고 애쓰니, 나를 모르는가?

인생엔 내 오빠나 남편처럼 맞춤형 사랑으로 사는 사람도 있고, 나처럼 무한(?) 사랑으로 살고자 애쓰는 사람도 있다. 나도 ‘무한 사랑’ 살려고 애만 쓰지, 그렇게 살지도 못하고.

무한 사랑 꿈꾸면서 맞춤형 사랑으로 살아가는 게 인생—육신 가진 연약한 인간은 어쩔 수 없는 일? 나 또한 ‘무한 사랑’ 꿈만 꾸고, 그렇게는 못 살아가기에,

한없이 겸허할 수밖에 없다.

저 미용실은 왜 늘 사람이 많을까?

긴 추석 연휴 중 어느 아침, 동네를 돌아봤다. 한 미용실 앞… 늘 손님이 붐벼 궁금했는데, 열어진 문. 나는 걸음을 멈추고 멈칫거린다. 문밖에 서 있는 내게 여주인이 묻는다.

"왜 오셨어요?"

"항상 손님이 많아서 주인이 누구신가 궁금해서요."

그는 반기는 얼굴로 "들어오세요."

머리도 안 하면서 선뜻 들어가기가 뭣해서 난 가게 문께 서서 말한다. "당신(미용사)이 궁금했는데, 당신 얼굴이 순박하고 건실하게 살아 있어요… 그래서 사람들이 많이 오시나 봐요." 내가 말하는데, 청년이 와서 내 뒤에 선다. 여주인이 낭랑한 목소리로 "손님이 왔네요." "예에?…"

내가 가게 문에 섰는데, 손님이 온다.

나는 상쾌하게 집으로 간다.

내 동네에 건실, 검박한 미용사가 있다는 게 즐겁다.

이웃집 일은— 곧 내 집 일이기도 하니까.

가난한 사람은 왜 생기나?

도스토옙스키의 〈카라마조프의 형제들〉 다시 읽으면서, 내가 재무장한 대목이다.

"…그(미짜)는 이상한 꿈을 꾸었다… 마을로 들어가려니, 길 양쪽에 아낙네들이 늘어서 있었다. 굉장히 많은 아낙네들이 줄을 지어 늘어서 있었는데, 모두가 하나같이 꼬챙이처럼 말라빠지고 흙빛 얼굴들을 하고 있었다. 갓난애는 추위에 얼어 자줏빛이 된 앙상한 조그만 주먹을 뻗치며 목청을 다해 울부짖고 있었다… '집이 불타버린 가난한 사람들이라 먹을 것이 있어야죠. 그래서 집을 다시 짓겠다고 구걸하고 있는 겁니다'… 그(미짜)는 지금까지 한 번도 경험한 적이 없는 감격이 가슴속에 북받쳐 오르는 것을 느끼며 울고 싶은 심정이 되었다. 이제부턴 아귀(갓난애)가 더 이상 울지 않도록, 거무죽죽하게 시들어빠진 아귀의 어머니가 울지 않도록 해주고 싶었다. 그리고 지금 이 순간부터는 어느 누구의 눈에서도 눈물이 흐르지 않도록 해주고 싶었다. 어떤 장애가 있더라도 카라마조프의 결단을 가지고 지금 당장이라도 이 모든 것을 해주고 싶었다."

〈카라마조프의 형제들〉의 주인공 미쨔의 꿈속 얘기다.

'…그리고 지금 이 순간부터는 어느 누구의 눈에서도 눈물이 흐르지 않도록 해주고 싶었다. 어떤 장애가 있더라도 카라마조프의 결단을 가지고 지금 당장이라도 이 모든 것을 해주고 싶었다.'

이 대목은 "가난을 만드는" 내 삶을 재무장시킨다.

내가 지금도 부족한 대로 가난을 만드는 것도 어려서부터 이웃의 가난한 사람들의 비참한 삶을 보아왔기 때문.

도스토옙스키는 미쨔의 말을 빌려서 '카라마조프의 결단을' 가지고 지금 당장이라도 이 모든 것을 해주고 싶다고 했다. 나는 하나님의 자녀라는 '권능과 지혜' 가지고 가난한 내 이웃, 한 사람이라도 그 눈에서 눈물이 흐르지 않도록— 닦아주고 싶다. 내 삶의 기쁨, 의미가 그런 삶 속에 있으니까.

내가 가난을 만드는 것은— 내 것을 비움이 새로운 채움이라는 걸 터득했기 때문이다.

자기 이야기는 자기 자랑일까?

내 글엔 내 이야기가 많아서 가끔 생각해 본다.

'자기 이야기는 다 자기 자랑일까?…' 사람의 글은 자기 비하, 자기혐오일지라도 결국은 다 자기 자랑? 픽션인 소설도 자기 사상, 철학, 이상을 형상화하기에 결국 자기 자랑?

죄성罪性 많은 인간, 근본적으로 겸손하기 어렵나?

내가 지치지 않고 내 이야기 쓰는 이유는 뭘까? 나, 라는 존재, 내가 피조물이라는 것. 내가 자랑해도 그렇게 만든 창조주 책임(자유의지 주셨지만)이라는 좀 뻔뻔스런 생각으로, 나를 드러낼 수 있는 한에서 드러낸다. 왜?— 나도 살려고. 부모, 가족, 형제, 친구도 나를 아주 모르니까, 내가 나를 이야기하고 싶은 것. '사랑은 그 사람 이야기 속으로 들어가는 것.'

내 끝나지 않은 이야기는 누군가 내 이야기 속으로 들어와 친구가 되자는 끊임없는 신호다. 나도 하나님 이야기(성경) 속으로 들어가, 나 만드신 분 이야기를 끝없이 듣고 싶고.

슬프다

어느 노년 독자(80세, 여)가 내 책 읽고 말한다.

"섬세한 당신 받느라고 남편이 고생하시네요." 섬세한 아내는, 그 남편도 섬세하게 받아야 하니 남편이 고생한다고.

어젯밤 9시쯤 지하철 노인석에 앉았는데, 옆 자리 남자 노인이 말을 건넨다. 내가 스마트폰 보고 있으니, "잘 보이세요?" "예." "실례지만 연세가 몇이세요?" "84세요." 얼굴이 좀 불콰한 노인은 내게 두 엄지를 치켜들면서 웃는다.

집에 와 남편에게 그 노인 얘기하면서, "당신은 지하철(노인석)에서 옆자리 할머니들에게 말 걸지 마세요. 추하게 보입디다."

"그럴 수도 있지, 뭘 그런 걸 그렇게까지 기분 나빠하고 그래." 내가 과민반응 했나? 이런 내 과민반응에 남편은 피곤하나?… '섬세한 당신 받느라 남편이 고생하시겠네요.' 그 말이 실감되면서, 내 천성이 남편 고생시키는구나.

슬프다, 신파조 같지만 — 슬퍼야 인생이다.

아파트에 울려 퍼지는 엄마 목소리

오늘 아침 아이들 등교 시간. 내가 글 쓰고 있는데, 활짝 열어 놓은 북향 창문으로 들리는 어떤 엄마의 절박한 목소리, "○○아! 생일 축하한다!" 고층에서 외치는가, 그 목소리가 어찌나 큰지, 아파트가 떠내려갈(?) 것 같다.

'오늘 아침이 아이 생일인데, 애를 꾸중해서 보냈나?'

아이는 지금 울고 가나?… 나처럼 애들 생일도 깜박 잊고 있던 엄마가 갑자기 생각나 미안한 마음을 저렇게, 아파트가 떠내려가게 외치는가? 엄마도 지금 울고 있나?

울 듯 한 엄마 목소리가 죽은 듯한 아파트를 깨운다.
죽은 듯한, 아파트에 생생한 감정을 불어넣는다.
울 듯 한 엄마 목소리는 황막한 시대—
모성애도 사라져 가는 이 시대를 관통하고 지나간다.
많이 슬프면서, 많이 기쁘다.

아직도 우리 사는 곳곳에,
절박한 엄마 목소리가 살아 있다는 것이.

방아 언니 시집가는 날

왜 문득 생각이 났는지, 방아 언니 시집가던 날이… 이번 고향 방문에서 할머니 집이 있던 동네를 지나다 생각났나?

할머니 집은 서삼 '둔덕메' 울산 김 씨 집성촌. 근처에 제각, 선산도 있다. 내가 중1(?) 겨울방학 때, 할머니 집에 심부름 갔다가 방아 언니 결혼식을 봤다. 엄동설한, 눈이 날리는데, 가난한 선비 딸, 방아 언니 결혼식은 제각祭閣에서.

방아 언니보다 예쁜 동생 분아 언니는 그날따라 더 예쁘게 단장하고 혼례 마당을 왔다 갔다… 미보다 덕이 앞선 방아언니는 잘 생긴 신랑 누님 같고… 저 분아 언니가 신랑 눈에 안 띄기를— 내 어린 맘이 불안불안했다.

70년 지난 요즘 들린 소식— 방아 언니는 신랑 눈 밖에 나, 평생 시부모 모시고 시집살이하다 지금은 돌아온 남편과 화목한 노후로 편안하고. 분아 언니는 잘난 신랑 만나 잘 살다 중년에 죽었다고. 이슬 같고 안개 같은 인생. 그 인생에 창조주의 영원이 부어지면— 그 인생 영원히 사는데.

기일혜 작가의 끝나지 않은 이야기 3

나는 왜 부끄러워하는가?

초판 1쇄 발행 2024년 8월 5일
2쇄 발행 2024년 9월 30일

지은이 기일혜
펴낸이 임만호
펴낸곳 창조문예사
등 록 제16-2770호(2002. 7. 23)
주 소 서울 강남구 선릉로112길 36(삼성동) 창조빌딩 3F(우 : 06097)
전 화 02) 544-3468~9
F A X 02) 511-3920
E-mail holybooks@naver.com

책임편집 김미정
디자인 이선애
제 작 임성암
관 리 양영주

ISBN 979-11-91797-50-3 03810
정 가 7,000원